21世纪普通高等院校系列规划教材

会计学原理学习辅导书

KUAIJIXUE YUANLI XUEXI FUDAOSHU

（第二版）

主编　刘卫　蒋琳玲

西南财经大学出版社
中国·成都

图书在版编目(CIP)数据

会计学原理学习辅导书/刘卫,蒋琳玲主编．—2版.—成都:西南财经大学出版社,2019.1

ISBN 978-7-5504-0211-9

Ⅰ.①会…　Ⅱ.①刘…②蒋…　Ⅲ.①会计学—高等学校—教学参考资料　Ⅳ.①F230

中国版本图书馆 CIP 数据核字(2018)第 283435 号

会计学原理学习辅导书(第二版)

主编　刘卫　蒋琳玲

责任编辑:高小田
封面设计:杨红鹰　张姗姗
责任印制:朱曼丽

出版发行	西南财经大学出版社(四川省成都市光华村街 55 号)
网　　址	http://www.bookcj.com
电子邮件	bookcj@foxmail.com
邮政编码	610074
电　　话	028-87353785　87352368
照　　排	四川胜翔数码印务设计有限公司
印　　刷	郫县犀浦印刷厂
成品尺寸	185mm×260mm
印　　张	9.5
字　　数	223 千字
版　　次	2019 年 1 月第 2 版
印　　次	2019 年 1 月第 1 次印刷
印　　数	1—6000 册
书　　号	ISBN 978-7-5504-0211-9
定　　价	19.80 元

第二版前言

“工欲善其事，必先利其器。”读书除了要有天分、要勤奋，还需要一个好的方法。《会计学原理学习辅导书》是按照学习方法与学时并进的时间安排编写的。其蕴藏的理念是：把书读薄再把书读厚。本学习辅导书的“要点总览”“重点难点”“知识点梳理”板块是从厚厚的教材中总结出的每章、每节的知识要点——谓之把书读“薄”；进而从练习题的解题过程中发现难点、易疏忽的细节，展开分析——谓之把书读“厚”。

将《会计学原理学习辅导书》与我们编写的《会计学原理》教材配合使用，可以加深对教材内容的理解和掌握，达到事半功倍的复习效果。

本学习辅导书由广西财经学院刘卫教授、蒋琳玲副教授主编。各章的具体编写分工如下：第一章和第三章由刘卫教授编写，第二章和第五章由蒋晓凤教授、唐冬妮讲师编写，第四章由蒋琳玲副教授、陆婉彦讲师编写，第六章和第九章由吴春璇副教授编写，第七章由陆建英副教授、严丹良老师编写，第八章和第十章由蒋琳玲副教授编写，第十一章和第十二章由陆建英副教授、赵瑾讲师编写。全书由刘卫、蒋琳玲进行初审，最后由刘卫对全书进行终审和总纂定稿。

本学习辅导书在编写过程中得到了广西科技师范学院胡国强教授的指导和帮助，在此表示衷心的感谢，也非常感谢对本学习辅导书的编写提出宝贵意见和建议的各位同事和朋友。由于编者的学识水平有限，本书在结构和内容上难免存在不足之处，恳请读者批评、指正。

编　者

2018 年 12 月于南宁

目录

第一章 总论

要点总览

- 会计概述
  - 会计的产生与发展
  - 会计含义及特征
  - 会计职能
  - 会计对象
  - 会计目标
  - 会计作用
- 会计信息质量要求
  - 可靠性、相关性、可比性、可理解性
  - 实质重于形式、重要性、谨慎性、及时性
- 会计基本假设：会计主体、持续经营、会计分期、货币计量
- 会计基础：权责发生制、收付实现制
- 会计要素
  - 反映财务状况的要素：资产、负债、所有者权益
  - 反映经营成果的要素：收入、费用、利润
- 会计等式
  - 基本会计等式
  - 扩展会计等式
- 会计核算方法
- 会计准则体系
  - 企业会计准则
  - 小企业会计准则
  - 事业单位会计准则

重点难点

- 重点
  - 会计含义及特征
  - 会计职能及会计对象
  - 会计基本假设与会计基础
  - 会计要素的确认
  - 会计等式

难点：
- 会计基本假设
- 会计要素的确认
- 会计信息质量要求
- 经济业务对会计等式的影响

知识点梳理

表 1　　第一节　会计概述

一、会计的产生与发展	（一）会计的产生	会计就是人类生产活动发展到一定阶段的产物
	（二）会计的发展阶段	1. 古代会计：有了专门会计机构和专门会计人员，采用单式记账 2. 近代会计：复式簿记形成 3. 现代会计：会计处理的电算化、网络化；管理会计从财务会计中分离出来
	（三）会计的含义	会计是以货币为主要计量单位，运用专门的方法，核算和监督一个单位经济活动的一种经济管理工作
	（四）会计的特征	1. 会计是一种经济管理活动 2. 会计采用一系列专门的方法 3. 会计具有核算和监督的基本职能 4. 会计以货币作为主要计量单位
二、会计职能	（一）会计基本职能	1. 会计核算职能：又称会计反映职能，是指会计以货币为主要计量单位，对特定主体的经济活动进行确认、计量和报告 2. 会计监督职能：又称会计控制职能，是指会计机构和会计人员在进行会计核算的同时，对特定主体和相关会计核算的真实性、合法性和合理性进行审查
	（二）会计扩展职能	1. 预测经济前景 2. 参与经济决策 3. 评价经营业绩
三、会计对象	（一）会计的一般对象	会计对象是指会计所核算和监督的内容，具体是指社会再生产过程中能够以货币表现的经济活动，即价值运动或资金运动
	（二）会计的具体对象	企业的资金，是企业所拥有的各项财产物资的货币表现。企业的资金运动表现为资金投入、资金循环与周转和资金退出三个过程
四、会计目标	（一）向财务报告使用者提供决策有用的信息 （二）反映企业管理层受托责任的履行情况	
五、会计的作用	（一）会计有助于提供决策有用的信息，提高企业透明度，规范企业行为 （二）会计有助于考核企业领导人经济责任的履行情况	

表 2　　　　第二节　会计信息质量要求

一、可靠性	以实际发生的交易或者事项为依据进行确认、计量和报告，如实反映符合确认和计量要求的各项会计要素及其他相关信息，保证会计信息真实可靠、内容完整
二、相关性	企业提供的会计信息应当与投资者等财务报告使用者的经济决策需要相关，有助于投资者等财务报告使用者对企业过去、现在或者未来的情况作出评价或者预测
三、可理解性	企业提供的会计信息应当清晰明了，便于投资者等财务报告使用者理解和使用
四、可比性	可比性要求企业提供的会计信息应当相互可比。它主要包括两层含义：同一企业不同时期可比；不同企业相同会计期间可比
五、实质重于形式	企业应当按照交易或者事项的经济实质进行会计确认、计量和报告，不仅仅以交易或者事项的法律形式为依据
六、重要性	企业提供的会计信息应当反映与企业财务状况、经营成果和现金流量有关的所有重要交易或者事项
七、谨慎性	企业对交易或者事项进行会计确认、计量和报告时保持应有的谨慎，不应高估资产或者收益，低估负债或者费用
八、及时性	企业对于已经发生的交易或者事项，应当及时进行确认、计量和报告，不得提前或者延后

表 3　　　　第三节　会计基本假设与会计基础

一、会计基本假设	（一）会计主体	会计工作服务的特定对象，是企业会计确认、计量和报告的空间范围。法律主体必然是会计主体，会计主体不一定是法律主体
	（二）持续经营	在可以预见的将来，企业将会按当前的规模和状态继续经营下去，不会停业，也不会大规模削减业务。会计确认、计量和报告应当以企业持续、正常的生产经营活动为前提
	（三）会计分期	将一个企业持续经营的生产经营活动划分为一个个连续的、长短相同的期间。会计期间通常分为年度和中期
	（四）货币计量	会计主体在会计确认、计量和报告时以货币计量，反映会计主体的生产经营活动。业务收支以人民币以外的货币为主的企业，可以选定某种外币作为记账本位币进行会计核算，但是编制的财务报表应当折算为人民币
二、会计基础	（一）权责发生制	凡是当期已经实现的收入和已经发生或应当负担的费用，无论款项是否收付，都应当作为当期的收入和费用，计入利润表；凡是不属于当期的收入和费用，即使款项已在当期收付，也不应当作为当期的收入和费用
	（二）收付实现制	收付实现制是与权责发生制相对应的一种会计基础，是以收到或支付的现金作为确认收入和费用的依据

表 4

第四节　会计要素

一、会计要素	含义		是对会计对象进行的基本分类，是会计核算对象的具体化，是用于反映会计主体财务状况、确定经营成果的基本单位
	分类	静态要素	资产、负债和所有者权益
		动态要素	收入、费用和利润
二、会计要素的确认	资产	定义	是指企业过去的交易或者事项形成的、由企业拥有或者控制的、预期会给企业带来经济利益的资源
		特征	(1) 资产预期会给企业带来经济利益 (2) 资产是企业拥有或者控制的资源 (3) 资产是由企业过去的交易或者事项形成的
		确认条件	(1) 与该资源有关的经济利益很可能流入企业 (2) 该资源的成本或者价值能够可靠地计量
		分类	分为流动资产和非流动资产
	负债	定义	是指企业过去的交易或者事项形成的，预期会导致经济利益流出企业的现时义务
		特征	(1) 负债是企业承担的现时义务 (2) 负债预期会导致经济利益流出企业 (3) 负债是由企业过去的交易或者事项形成的
		确认条件	(1) 与该义务有关的经济利益很可能流出企业 (2) 未来流出的经济利益的金额能够可靠地计量
		分类	分为流动负债和非流动负债
	所有者权益	定义	是指企业资产扣除负债后，由所有者享有的剩余权益。公司的所有者权益又称为股东权益
		确认条件	(1) 所有者权益的确认主要依赖于其他会计要素，尤其是资产和负债的确认 (2) 所有者权益金额的确定主要取决于资产和负债的计量
		分类	包括实收资本（或者股本）、资本公积、其他综合收益、盈余公积和未分配利润（盈余公积和未分配利润又合称为留存收益）
	收入	定义	是指企业在日常活动中形成的，会导致所有者权益增加的、与所有者投入资本无关的经济利益的总流入
		特征	(1) 收入是企业在日常活动中形成的 (2) 收入是与所有者投入资本无关的经济利益的总流入 (3) 收入会导致所有者权益的增加
		确认条件	(1) 与收入相关的经济利益应当很可能流入企业 (2) 经济利益流入企业的结果会导致资产增加或负债减少 (3) 经济利益的流入额能够可靠计量
		分类	按重要性可以分为主营业务收入和其他业务收入
	费用	定义	是指企业在日常活动中发生的，会导致所有者权益减少的、与向所有者分配利润无关的经济利益的总流出
		特征	(1) 费用是企业在日常活动中形成的 (2) 费用会导致所有者权益的减少 (3) 费用是与向所有者分配利润无关的经济利益的总流出
		确认条件	(1) 与费用相关的经济利益应当很可能流出企业 (2) 经济利益流出企业的结果会导致资产减少或负债增加 (3) 经济利益的流出额能够可靠计量
		分类	分为生产费用与期间费用
	利润	定义	是指企业在一定会计期间的经营成果
		构成	包括收入减去费用后的净额、直接计入当期利润的利得和损失
		确认条件	(1) 利润的确认主要依赖于收入和费用以及利得和损失的确认 (2) 金额的确定主要取决于收入、费用、利得、损失金额的计量

表4(续)

三、会计等式	基本会计等式	财务状况要素构成的基本等式：资产=负债+所有者权益 经营成果要素构成的基本等式：收入-费用=利润
	扩展会计等式	资产=负债+所有者权益+收入-费用
四、经济业务对会计等式的影响	(一) 经济资源投入，资产与权益同时增加 (二) 经济资源退出，资产与权益同时减少 (三) 资产内部变化，资产内部的项目此增彼减 (四) 权益内部变化，权益内部的项目此增彼减	

表5　　　　第五节　会计核算方法

一、设置账户	是对会计核算的具体内容进行分类核算和监督的一种专门方法
二、复式记账	是对所发生的每项经济业务，以相等的金额，同时在两个或两个以上相互联系的账户中进行登记的一种记账方法
三、填制和审核凭证	记录经济业务，明确经济责任，作为记账依据的书面证明
四、登记会计账簿	是以审核无误的会计凭证为依据，在账簿中连续地、完整地记录各项经济业务，以便为经济管理提供完整、系统的会计核算资料
五、成本计算	是按照一定对象归集和分配生产经营过程中发生的各种费用，以便确定该对象的总成本和单位成本的一种专门方法
六、财产清查	是通过盘点实物，核对账目，以查明各项财产物资实有数的一种专门方法
七、编制会计报表	是以特定表格的形式，定期并总括地反映企业、行政事业单位的经济活动情况和结果的一种专门方法

表6　　　　第六节　会计准则体系

一、企业会计准则	基本准则	指导具体准则的制定和为尚未有具体准则规范的会计实务问题提供处理原则
	具体准则	主要规范企业发生的具体交易或事项的会计处理，其具体内容可分为一般业务准则、特殊行业和特殊业务准则、财务报告准则三大类
	会计准则应用指南	对具体准则相关条款的细化和对有关重点难点问题提供操作性规范，还包括会计科目、主要账务处理等
	企业会计准则解释	主要针对企业会计准则实施中遇到的问题作出解释
二、小企业会计准则	包括总则、资产、负债、所有者权益、收入、费用、利润及利润分配、外币业务、财务报表、附则10章90条	
三、事业单位会计准则	包括总则、会计信息质量要求、资产、负债、净资产、收入、支出或者费用、财务会计报告、附则9章49条	

练习题

一、单项选择题

1. 下列关于复式簿记起源地的表述中，正确的是（　　）。

A. 美国　　B. 英国

C. 中国　　D. 意大利

2. 会计职能中最基本的职能是（　　）。

A. 决策职能　　B. 核算职能

C. 分析职能　　D. 预测职能

3. 下列不属于工业企业资金循环与周转过程的是（　　）。

A. 供应过程　　B. 生产过程

C. 销售过程　　D. 向所有者分配现金股利

4. 下列同时具有会计主体和法律主体特征的是（　　）。

A. 合作伙伴　　B. 个体工商户

C. 股份有限公司　　D. 个人独资企业

5. “企业提供的会计信息与国家对经济进行宏观管理要求相关。”这一说法符合的会计信息质量要求是（　　）。

A. 可比性　　B. 相关性

C. 及时性　　D. 重要性

6. 建立在非清算基础之上的会计基本假设是（　　）。

A. 会计主体　　B. 会计分期

C. 持续经营　　D. 货币计量

7. 《企业会计准则——基本准则》规定：“企业应当以实际发生的交易或者事项为依据进行会计确认、计量和报告，如实反映符合确认和计量要求的各项会计要素及其他相关信息，保证会计信息真实可靠、内容完整。”这一说法符合的会计信息质量要求是（　　）。

A. 可靠性　　B. 可比性

C. 相关性　　D. 及时性

8. “会计事项的财务处理应当在当期内进行，不得拖延。”这一说法符合的会计信息质量要求是（　　）。

A. 重要性　　B. 明晰性

C. 及时性　　D. 可靠性

9. 《企业会计准则——基本准则》规定：“企业应当对其本身发生的交易或者事项进行会计确认、计量和报告。”这一说法符合的会计基本假设是（　　）。

A. 会计分期　　B. 会计主体

C. 货币计量　　D. 持续经营

10. 会计核算、监督服务的特定对象是（　　）。

A. 会计主体　　B. 合作伙伴

C. 会计内容　　D. 会计核算原则

11. 下列属于会计主体，但不属于法律主体的是（　　）。

A. 行政机关　　B. 合伙企业

C. 国有企业　　D. 中外合资企业

12. “企业应当按照交易或事项的经济实质进行会计核算，而不应当仅仅按照其法律形式作为会计核算的依据。”这一说法符合的会计信息质量要求是（　　）。

A. 可比性　　B. 重要性

C. 相关性　　D. 实质重于形式

13. 下列事项中，体现实质重于形式要求的是（　　）。

A. 期末计提坏账准备

B. 固定资产计提折旧

C. 企业收到代销清单时确认收入

D. 将融资租入资产作为自有资产进行核算

14. 下列属于动态会计等式的是（　　）。

A. 资产=权益　　B. 资产=负债

C. 收入-费用=利润　　D. 资产=负债+所有者权益

15. 我国内资企业会计核算的记账本位币是（　　）。

A. 港元　　B. 外币

C. 人民币　　D. 澳门元

16. 下列项目中，属于对会计对象进行基本分类的是（　　）。

A. 会计要素　　B. 会计主体

C. 会计科目　　D. 会计账户

17. 下列项目中，属于会计要素中静态要素的是（　　）。

A. 资产、权益　　B. 资产、利润

C. 收入、费用　　D. 利润、负债

18. 下列项目中，属于会计要素中动态要素的是（　　）。

A. 资产　　B. 负债

C. 利润　　D. 所有者权益

19. 下列项目中，属于非流动负债的是（　　）。

A. 应付股利　　B. 应付债券

C. 应交税费　　D. 短期借款

20. 下列项目中，属于企业资产的是（　　）。

A. 拟购入的空调　　B. 拟购入的原材料

C. 经营租入的设备　　D. 融资租入的设备

21. 下列项目中，属于企业经营活动中形成的所有者权益的是（　　）。

A. 股本　　B. 实收资本

C. 资本公积　　D. 留存收益

22. 下列项目中，属于企业收入的是（　　）。

A. 代收增值税　　B. 代垫的运费
C. 出租固定资产取得收入　　D. 接受捐赠收入

23. 下列关于所有者权益的表述中，正确的是（　　）。
A. 所有者权益是指企业资产扣除负债后由所有者享有的剩余权益
B. 所有者权益是指企业资产扣除负债后由所有者享有的留存收益
C. 所有者权益是指企业资产扣除负债后由所有者享有的盈余公积
D. 所有者权益是指企业资产扣除负债后由所有者享有的未分配利润

二、多项选择题

1. 下列各项中，属于日常生活中的计量单位的有（　　）。
A. 实物　　B. 时间
C. 货币　　D. 体积

2. 下列关于会计监督职能的表述中，正确的有（　　）。
A. 检查各项财务是否及时支付了款项
B. 检查各项业务是否符合国家的有关法律法规
C. 检查各项业务是否执行了国家的各项方针政策
D. 检查各项财务收支是否符合单位的财务收支计划

3. 下列各项中，属于企业会计要素的有（　　）。
A. 利润　　B. 资产、负债
C. 收入、费用　　D. 净资产、结余

4. 会计的本质有（　　）。
A. 对一定单位的经济事项进行确认　　B. 对一定单位的经济事项进行计量
C. 对一定单位的经济事项进行记录　　D. 对一定单位的经济事项进行报告

5. 下列各项中，应按权责发生制原则确认收入、费用的有（　　）。
A. 本月计提借款利息
B. 本月赊销产品取得收入
C. 本月支付上月计提利息
D. 本月现销产品取得收入，货款已存入银行

6. 下列各项中，属于会计主体的有（　　）。
A. 分公司　　B. 销售部门
C. 企业生产车间　　D. 母公司及其子公司组成的企业集团

7. 下列各项中，属于我国会计分期的有（　　）。
A. 月度　　B. 季度
C. 年度　　D. 半年度

8. 下列各项中，属于建立在持续经营基础上的有（　　）。
A. 收益确认　　B. 破产清算
C. 计提固定资产折旧　　D. 资产按历史成本计价

9. 下列各项中，符合可靠性要求的有（　　）。
A. 保证会计资料真实、完整

B. 各单位必须根据实际发生的经济业务事项进行会计核算

C. 单位负责人对本单位的会计工作的真实性、完整性负责

D. 单位负责人对本单位的会计资料的真实性、完整性负责

10. 下列各项中，属于及时性要求的内容有（　　）。

A. 会计资料具有可比性

B. 会计资料填写应清楚、明白

C. 会计事项的财务处理应当在当期内进行，不得拖延

D. 财务报告应当在会计期间结束后于规定的日期内报送有关部门

11. 下列各项中，属于谨慎性要求的内容有（　　）。

A. 不得多计资产　　B. 不得多计收益

C. 不得计提秘密准备　　D. 不得少计负债或费用

12. 下列各项中，属于充分体现谨慎性要求的有（　　）。

A. 预计负债　　B. 预付账款

C. 存货跌价准备　　D. 无形资产减值准备

13. 下列关于可比性要求的表述中，正确的有（　　）。

A. 不同企业发生的相同或者相似的交易或者事项，应当采用规定的会计政策，确保会计信息口径一致

B. 不同企业发生的相同或者相似的交易或者事项，应当采用规定的会计政策，确保会计信息口径可比

C. 不同企业发生的相同或者相似的交易或者事项，应当采用规定的会计政策，确保会计信息相互可比

D. 不同企业发生的相同或者相似的交易或者事项，应当采用规定的会计政策，确保会计信息前后一致

14. 下列各项中，属于反映财务状况的会计账户有（　　）。

A. 固定资产　　B. 实收资本

C. 长期借款　　D. 主营业务收入

15. 下列各项中，属于资产基本特征的有（　　）。

A. 资产是所有有形资产的总称

B. 资产是企业拥有或控制

C. 资产是由过去交易或事项所产生的

D. 资产能够给企业带来未来经济利益

16. 下列各项中，属于会计等式的有（　　）。

A. 资产=权益

B. 资产+所有者权益=负债

C. 收入-费用=利润

D. 资产=负债+所有者权益+收入-费用

三、判断题

1. 会计的对象是指会计核算和监督的内容。（　　）

2.《企业会计准则——基本准则》规定，利润包括收入减去费用后的净额、直接计入当期利润的利得和损失。（ ）

3. 会计监督是会计核算的基础。（ ）

4. 资产是指企业拥有的各项经济资源。（ ）

5. 经济业务事项无论是采用实物计量还是劳动计量，最终都要用货币来提供综合的价值指标。（ ）

6. 会计主体必然是法律主体，但是法律主体不一定是会计主体。（ ）

7.《企业会计准则——基本准则》规定："企业对于已经发生的交易或者事项，应当及时进行会计确认、计量和报告，不得提前或者延后。"（ ）

8. 凡是特定主体能够用货币表现的经济活动都是会计核算和监督的内容。（ ）

9. "持续经营"就是假设企业不会破产清算。（ ）

10. 一个企业内部单独核算的部门无法成为独立的会计主体。（ ）

11. 会计主体假设确立了会计核算的空间范围。（ ）

12. 资产按历史成本计价是以持续经营假设为基础的。（ ）

13. 中期财务报告是指以一个完整的会计年度的报告期间为基础编制的财务报告。（ ）

14.《企业会计准则——基本准则》规定："企业提供的会计信息应当清晰明了，便于会计信息使用者理解和使用。"（ ）

15. 实质重于形式原则是指企业应当按照交易或事项的经济实质进行会计核算，而不应该仅仅按照它们的法律形式作为会计核算的依据。（ ）

16. 根据收付实现制原则，凡是不属于当期的收入和费用，即使款项已在当期收付，也不应当作为当期的收入和费用。（ ）

17.《企业会计准则——基本准则》规定："同一企业不同时期发生的相同或者相似的交易或者事项，应当采用一致的会计政策，不得随意变更。确须变更的，应当在附注中说明。"（ ）

18. 在企业进行清算时，债权人权益和所有者权益一并清偿。（ ）

19.《企业会计准则——基本准则》规定："企业提供的会计信息应当反映与企业财务状况、经营成果和现金流量等有关的重要交易或者事项。"（ ）

20. 重要性原则要求，对于次要的会计事项，在不影响会计信息真实性和不至于误导财务会计报告使用者作出正确判断的前提下可简化会计处理。（ ）

21. 资产和所有者权益在数量上始终是相等的。（ ）

22.《企业会计准则——基本准则》规定："企业应当以收付实现制为基础进行会计确认、计量和报告。"（ ）

参考答案

一、单项选择题

1. D　2. B　3. D　4. C　5. B　6. C

7. A	8. C	9. B	10. A	11. B	12. D
13. D	14. C	15. C	16. A	17. A	18. C
19. B	20. D	21. D	22. C	23. A	

二、多项选择题

1. ABCD	2. BCD	3. ABC	4. ABD	5. ABD	6. ABCD
7. ABCD	8. ACD	9. AB	10. CD	11. ABCD	12. ACD
13. AC	14. ABC	15. BCD	16. ACD		

三、判断题

1. √	2. √	3. ×	4. ×	5. √	6. ×
7. √	8. √	9. ×	10. ×	11. √	12. √
13. ×	14. √	15. √	16. ×	17. √	18. ×
19. √	20. √	21. ×	22. ×		

第二章

会计科目和账户

要点总览

- 会计科目
  - 概念
  - 意义
  - 分类
    - 按其所提供信息的详细程度及其统驭关系分类
    - 按其所归属的会计要素不同分类
- 账户
  - 概念
  - 分类
    - 按其所提供信息的详细程度及其统驭关系分类
    - 按其所归属的会计要素不同分类
    - 按用途结构分类
  - 基本结构
  - 账户与会计科目的联系和区别

重点难点

- 重点
  - 会计科目的概念和分类
  - 账户的基本概念及结构
  - 账户与会计科目的联系和区别
- 难点
  - 账户的基本概念及结构
  - 账户与会计科目的联系和区别

知识点梳理

表 1　　　　　　　　　　　　　　　第一节　会计科目

一、会计科目的概念	会计科目是指对会计要素的具体内容进行分类核算与控制的项目
二、会计科目的分类	1. 会计科目按其所反映的经济内容不同，分为资产类、负债类、所有者权益类、成本类、损益类等科目 2. 会计科目按其提供信息的详细程度及其统驭关系不同，分为总分类科目和明细分类科目
三、会计科目的意义	1. 会计科目是复式记账的基础 2. 会计科目是编制记账凭证的基础 3. 会计科目为成本计算与财产清查提供了前提条件 4. 会计科目为编制会计报表提供了方便

表 2　　　　　　　　　　　　　　　第二节　会计账户

一、会计账户的概念	会计账户是根据会计科目设置的，具有一定格式和结构，用于分类记录经济业务发生情况的一种专门工具
二、会计账户的基本结构	1. 会计账户基本结构指增加和减少的方向 2. 会计账户的基本结构一般分为左右两方，一方反映会计要素的增加，另一方反映会计要素的减少。至于哪一方登记增加，哪一方登记减少，取决于经济业务和各个账户的性质以及所采用的记账方法 3. 会计账户的四个核算指标基本关系如下： 期末余额=期初余额+本期增加发生额-本期减少发生额
三、会计账户的分类	1. 按其所反映的经济内容不同分为资产类账户、负债类账户、所有者权益类账户、成本类账户、损益类账户等
	2. 按其所提供信息的详细程度及其统驭关系不同分为总分类账户（简称总账账户或总账）和明细分类账户（简称明细账）
四、会计账户的意义	1. 会计账户是反映会计对象具体内容的方法 2. 会计账户是进行会计核算的基础 3. 会计账户是加强会计主体内部控制与管理的手段 4. 会计账户是规范国民经济核算的工具
五、会计账户与会计科目的联系和区别	1. 联系：会计科目与会计账户都是对会计对象具体内容的分类，两者口径一致，性质相同，会计科目是会计账户的名称，也是设置会计账户的依据，会计账户是会计科目的具体运用 2. 区别：会计科目仅仅是会计账户的名称，不存在结构；而会计账户则具有一定的格式和结构

练习题

一、单项选择题

1. 总分类会计科目设置的依据是（　　）。

A. 企业管理的需要　　　　B. 会计核算的需要

C. 经济业务的种类不同　　D. 统一的会计法规制度的规定

2. 对会计要素的具体内容进行分类核算的项目是（　　）。

A. 经济业务　　B. 会计科目

C. 会计账户　　D. 会计信息

3. 会计科目和账户之间的联系是（　　）。

A. 二者互不相关　　B. 二者格式相同

C. 二者结构相同　　D. 二者核算内容相同

4. 除损益类账户外，下列关于账户期末余额方向的表述中，正确的是（　　）。

A. 一个账户的增加发生额与该账户的期末余额方向都在借方

B. 一个账户的减少发生额与该账户的期末余额方向都在贷方

C. 一个账户的增加发生额一般与该账户的期末余额方向相同

D. 一个账户的增加发生额一般与该账户的期末余额方向相反

5. 总分类科目和明细分类科目的分类标准是（　　）。

A. 按反映的会计对象不同分类

B. 按反映的经济业务不同分类

C. 按归属的会计要素不同分类

D. 按提供信息的详细程度及其统驭关系不同分类

6. 下列项目中，属于损益类账户的是（　　）。

A. 应交税费　　B. 财务费用

C. 制造费用　　D. 利润分配

7. 在借贷记账法下，账户哪一方登记增加，哪一方登记减少的判断依据是（　　）。

A. 所记金额的大小　　B. 开设账户时间的长短

C. 所记经济业务的重要程度　　D. 所记录的经济业务和账户性质

8. 根据会计科目设置，具有一定格式和结构，用于分类反映会计要素增减变动情况及其结果的载体的是（　　）。

A. 会计账户　　B. 会计对象

C. 会计要素　　D. 会计信息

9. 用来对会计要素具体内容进行明细分类核算的账户是（　　）。

A. 总账账户　　B. 明细账户

C. 备查账户　　D. 综合账户

10. 用于对会计要素具体内容进行总括分类核算的账户是（　　）。

A. 总账账户　　B. 明细账户

C. 备查账户　　D. 综合账户

11. 下列账户中，期末结转后一般无余额的是（　　）。

A. 利润分配　　B. 生产成本

C. 管理费用　　D. 应付账款

12. 下列关于会计科目与账户关系的表述中，不正确的是（　　）。

A. 两者口径一致，性质相同

B. 账户是设置会计科目的依据

C. 没有账户，就无法发挥会计科目的作用

D. 会计科目不存在结构，而账户则具有一定的格式和结构

13. 某账户的期初余额为 600 元，期末余额为 2 000 元，本期减少发生额为1 000 元，则本期增加发生额为（　　）元。

A. 2 300　　B. 2 400

C. 1 700　　D. 3 600

14. 负债类账户的期末余额反映的是（　　）。

A. 负债的结存情况　　B. 负债的增减变动

C. 权益的结存情况　　D. 负债的形成和偿付

15. 会计科目与账户的本质区别是（　　）。

A. 反映的经济内容不同

B. 记录资产和权益的内容不同

C. 记录资产和权益的方法不同

D. 会计账户有结构，而会计科目无结构

二、多项选择题

1. 下列关于账户余额计算的表述中，正确的有（　　）。

A. 期初余额=本期增加发生额-本期减少发生额+期末余额

B. 期末余额=期初余额+本期增加发生额-本期减少发生额

C. 期初余额=期末余额-本期增加发生额+本期减少发生额

D. 期初余额=本期增加发生额-期末余额-本期减少发生额

2. 下列项目中，属于资产类科目的有（　　）。

A. 原材料　　B. 预付账款

C. 预收账款　　D. 短期借款

3. 下列项目中，属于负债类科目的有（　　）。

A. 短期借款　　B. 应收账款

C. 应付账款　　D. 应交税费

4. 下列项目中，属于所有者权益类科目的有（　　）。

A. 实收资本　　B. 盈余公积

C. 利润分配　　D. 主营业务收入

5. 下列项目中，属于成本类会计科目的有（　　）。

A. 生产成本　　B. 管理费用

C. 制造费用　　D. 主营业务成本

6. 下列项目中，属于损益类科目的有（　　）。

A. 管理费用　　B. 财务费用

C. 主营业务收入　　D. 主营业务成本

7. 下列项目中，账户基本结构包括的主要内容有（　　）。

A. 账户的名称　　B. 增减金额及余额

C. 记账凭证的编号　　D. 经济业务的摘要

8. 下列关于账户的表述中，正确的有（　　）。

A. 账户具有一定格式和结构

B. 账户是根据会计要素开设的

C. 成本类账户期末一般无余额

D. 设置账户是会计核算的重要方法之一

9. 下列各项中，属于流动负债的有（　　）。

A. 预付账款　　B. 应付债券

C. 预收账款　　D. 其他应付款

10. 下列项目中，属于本期发生额的有（　　）。

A. 期初余额　　B. 期末余额

C. 本期减少额　　D. 本期增加额

11. 下列经济业务中，涉及两个资产账户的有（　　）。

A. 从银行提取现金　　B. 以银行存款购买原材料

C. 以银行存款归还前欠货款　　D. 收到其他单位还来前欠货款

12. 下列关于会计科目与账户间的关系表述中，正确的有（　　）。

A. 两者口径一致，性质相同

B. 账户是会计科目的具体运用

C. 没有会计科目，账户就失去了设置的依据

D. 在实际工作中，会计科目和账户是相互通用的

13. 下列关于账户的表述中，正确的有（　　）。

A. 所有总账都要设置明细账　　B. 账户和会计科目性质相同

C. 账户有一定的格式和结构　　D. 账户是根据会计科目开设的

14. 下列关于明细分类科目的表述中，正确的有（　　）。

A. 明细分类科目也称一级会计科目

B. 明细分类科目是对总分类科目作进一步分类的科目

C. 明细分类科目是能提供更详细、更具体会计信息的科目

D. 明细分类科目是对会计要素具体内容进行总括分类的科目

三、判断题

1. 会计科目是账户的名称，账户是会计科目的载体和具体运用。（　　）
2. 预收账款属于资产类账户。（　　）
3. 主营业务成本属于成本类科目。（　　）
4. 销售费用、管理费用属于损益类科目。（　　）
5. 制造费用属于损益类科目。（　　）
6. 企业应按国家统一的会计制度规定设置一级会计科目。（　　）
7. 总分类科目与其所属的明细分类科目的核算内容相同，但前者提供的信息比后者更加总括。（　　）
8. 对会计科目的具体内容进行分类核算的项目称为会计要素。（　　）
9. 会计科目和会计账户的口径一致，性质相同，所以在实际工作中，会计科目和

账户是互相通用的。 (　　)

10. 设置账户的依据是会计要素。 (　　)

四、业务题

20×8 年邕桂公司有关业务如表 3 所示。

表 3　　邕桂公司有关业务

经济内容	是否属于会计核算和监督的内容
1. 企业向银行借入期限在一年以内的借款 50 000 元	
2. 因购买材料而应付给供应方的款项 10 000 元	
3. 投资者投入企业的资本 20 000 元	
4. 销售部门收到销售订单 120 000 元	
5. 存放在出纳处的库存现金 1 000 元	
6. 企业在销售商品时发生的费用 6 000 元	
7. 应交的各种税金 15 000 元	
8. 总经理与供货商就下月材料供应签订 40 000 元意向	
9. 企业应付给职工的工资 20 000 元	
10. 供应部门签订一笔购货合同，支付定金 20 000 元	

要求：判断表中的业务内容是否属于会计核算和监督的业务内容。

参考答案

一、单项选择题

1. B　2. B　3. D　4. C　5. D　6. B
7. D　8. A　9. B　10. A　11. C　12. B
13. B　14. A　15. D

二、多项选择题

1. BC　2. AB　3. ACD　4. ABC　5. AC　6. ABCD
7. ABCD　8. AD　9. CD　10. CD　11. ABD　12. ABCD
13. BCD　14. BC

三、判断题

1. √　2. ×　3. ×　4. √　5. ×　6. √
7. √　8. ×　9. √　10. ×

四、业务题

表 4　　　　　　　　　　　　　　　　**邕桂公司有关业务**

经济内容	会计核算和监督的事项
1. 企业向银行借入期限在一年以内的借款 50 000 元	是
2. 因购买材料而应付给供应方的款项 10 000 元	是
3. 投资者投入企业的资本 20 000 元	是
4. 销售部门收到销售订单 120 000 元	否
5. 存放在出纳处的库存现金 1 000 元	是
6. 企业在销售商品时发生的费用 6 000 元	是
7. 应交的各种税金 15 000 元	是
8. 总经理与供货商就下月材料供应签订 40 000 元意向	否
9. 企业应付给职工的工资 20 000 元	是
10. 供应部门签订一笔购货合同，支付定金 20 000 元	是

第三章 复式记账

要点总览

- 记账方法
  - 单式记账法
  - 复式记账法
- 复式记账法
  - 复式记账法的概念
  - 复式记账法的基本原理
  - 复式记账法的种类
- 借贷记账法
  - 借贷记账法的基本原理
  - 会计分录
  - 对应关系及对应账户
- 借贷记账法的应用
  - 筹资业务的核算
  - 供应业务的核算
  - 生产业务的核算
  - 销售业务的核算
  - 利润形成及分配业务的核算

重点难点

- 重点
  - 复式记账法的概念、原理和种类
  - 借贷记账法的基本原理
  - 会计分录
  - 借贷记账法在企业中的运用

- 难点
  - 借贷记账法的基本原理
  - 借贷记账法在企业中的运用

知识点梳理

表 1　　第一节　单式记账法

一、记账方法	是将经济业务产生的经济数据记录到会计账户中的方法	
二、单式记账法	概念	是对发生的每一项经济业务，只在一个账户中加以登记的一种记账方法
	缺点	1. 反映的会计对象不完整 2. 不能全面反映经济业务的变化情况 3. 没有完整科学的账户和账户体系 4. 没有相互对应关系的核对功能，发生错误难以辨认和查找
	适用范围	只在简单经济条件下应用

表 2　　第二节　复式记账法

一、概念	概念	是指对每一项经济业务，都必须用相等的金额在两个或两个以上相互联系的账户中进行登记，全面系统反映会计要素增减变化的一种记账方法
	优点	1. 可以了解每一项经济业务的来龙去脉，而且当全部经济业务都相互联系地登记入账之后，通过账户记录，就能够完整、系统地反映出经济活动的过程和结果 2. 可对账户记录结果进行试算平衡，以检查账户记录是否正确和完整
二、基本原理	复式记账法以价值运动和会计等式为理论基础。会计核算和监督的内容是能够用货币表现的经济活动，而任何一项经济活动的发生都会涉及资金的来源和去向，涉及相互联系的各个方面。每一笔经济业务的数量关系可以从两个方面去反映，会引起会计等式两边同时增加或同时减少，或者引起会计等式一边一个项目增加，另一个项目减少。为此，必须以相等的金额在两个或两个以上相关账户中作等额的双重记录，以便全面反映经济活动存在的这种相互依存的内在联系。复式记账法一般包括账户设置与结构、记账符号、记账规则和平衡公式四项基本内容	
三、种类	1. 借贷记账法　2. 收付记账法　3. 增减记账法	

表 3　　第三节　借贷记账法的基本理论

一、借贷记账法的历史沿革	1. 借贷记账法起源于 12 世纪末或 13 世纪初意大利的北方城市 2. 借贷记账法正式传入我国始于 1905 年（清光绪三十一年）	
二、借贷记账法的基本原理	记账符号	以“借”“贷”作为记账符号
	账户结构	借贷记账法下的账户左方为“借方”，账户右方为“贷方” 由于账户的性质不同，其“借方”和“贷方”反映的经济业务变动情况不同，其账户结构也不同
	记账规则	“有借必有贷，借贷必相等”
	试算平衡	∑全部账户借方发生额 = ∑全部账户贷方发生额 ∑全部账户期初借方余额 = ∑全部账户期初贷方余额 ∑全部账户期末借方余额 = ∑全部账户期末贷方余额

表3（续）

三、会计分录	含义	是对每项经济业务列示出应借、应贷的账户名称及其金额的一种记录。会计分录应包括记账方向（借方或贷方）、账户名称（会计科目）和金额三要素
	分类	1. 简单分录：一借一贷 2. 复合分录：一借多贷、多借一贷以及多借多贷
	编制步骤	1. 分析经济业务涉及哪些账户 2. 分析所涉及的账户是什么性质的，即属于哪一类的账户，是资产类还是权益类账户 3. 分析哪个账户发生了增加，哪个账户发生了减少 4. 根据借贷记账法的记账符号确定应记入账户的借方还是贷方 5. 按照要求写出会计分录，然后观察借贷金额是否相等
四、对应关系与对应账户	在复式记账法下，要求对每一项经济业务都在两个或两个以上账户中进行登记，这样所记账户之间就形成了一定的联系，账户之间的这种相互依存关系，称为账户的对应关系。构成对应关系的账户，称为对应账户	

表4　第四节　借贷记账法在企业中的应用（1）借贷记账法在筹资过程中的应用

项目	主要经济业务	账务处理
（一）投入资本的核算	1. 接受货币资产投资	借：银行存款 　贷：实收资本
	2. 接受非货币资产投资	借：固定资产等 　贷：实收资本
（二）借入资金的核算	1. 取得短期借款	借：银行存款 　贷：短期借款
	2. 计提短期借款利息	借：财务费用 　贷：应付利息
	3. 支付利息	借：应付利息 　贷：银行存款
	4. 还本付息	借：短期借款 　　应付利息 　　财务费用 　贷：银行存款

表5　第四节　借贷记账法在企业中的应用（2）借贷记账法在供应过程中的应用

主要经济业务	账务处理	
（一）"料到付款"的核算	借：原材料 　　应交税费——应交增值税（进项税额） 　贷：银行存款	
（二）"已付款料未到"的核算	1. 先付款，料未到时	借：在途物资 　　应交税费——应交增值税（进项税额） 　贷：银行存款
	2. 料到验收入库时	借：原材料 　贷：在途物资

表5(续)

主要经济业务		账务处理
(三)“料到单到未付款”的核算	1. 料到入库未付款	借：原材料 应交税费——应交增值税（进项税额） 贷：应付账款、应付票据
	2. 实际付款时	借：应付账款、应付票据 贷：银行存款
(四) 预付料款的核算	1. 预付货款时	借：预付账款 贷：银行存款
	2. 收到订购的材料	借：原材料 应交税费——应交增值税（进项税额） 贷：预付账款
	3. 补付货款时	借：预付账款 贷：银行存款 （注：收到退回的货款，作相反分录）

表6　第四节　借贷记账法在企业中的应用（3）借贷记账法在生产过程中的应用

(一) 材料费用的核算	借：生产成本（生产产品领用） 制造费用（生产车间领用） 管理费用（行政管理部门领用） 贷：原材料	
(二) 人工费用的核算	1. 分配结转职工薪酬费用	借：生产成本（生产产品工人工资） 制造费用（生产车间人员工资） 管理费用（行政管理部门人员工资） 贷：应付职工薪酬
	2. 实际支付职工薪酬	借：应付职工薪酬 贷：银行存款
(三) 折旧费用的核算	借：制造费用　（生产用设备折旧） 管理费用　（非生产用设备折旧） 贷：累计折旧	
(四) 其他费用的核算	借：制造费用（生产车间发生） 管理费用（行政管理部门发生） 贷：银行存款	
(五) 结转制造费用的核算	借：生产成本——某产品 贷：制造费用	
(六) 结转完工产品制造成本的核算	借：库存商品——某产品 贷：生产成本——某产品	

表 7　第四节　借贷记账法在企业中的应用（4）借贷记账法在销售过程中的应用

<table>
<tr><td rowspan="3">（一）产品销售收入的核算</td><td>1. 实现销售收入同时收取款项的核算</td><td>借：银行存款
　贷：主营业务收入——某产品
　　　应交税费——应交增值税（销项税额）</td></tr>
<tr><td>2. 实现销售收入尚未收到款项的核算</td><td>（1）销售产品暂未收到款时
借：应收账款、应收票据
　贷：主营业务收入——某产品
　　　应交税费——应交增值税（销项税额）
（2）实际收款时
借：银行存款
　贷：应收账款、应收票据</td></tr>
<tr><td>3. 预收货款销售的核算</td><td>（1）预收货款时
借：银行存款
　贷：预收账款
（2）发出商品时
借：预收账款
　贷：主营业务收入——某产品
　　　应交税费——应交增值税（销项税额）
（3）收到补付的货款时
借：银行存款
　贷：预收账款
（注：退回多收的货款，作相反分录）</td></tr>
<tr><td>（二）结转已售产品制造成本的核算</td><td colspan="2">借：主营业务成本——某产品
　贷：库存商品——某产品</td></tr>
<tr><td rowspan="2">（三）其他业务的核算</td><td>1. 其他业务收入的核算</td><td>借：银行存款
　贷：其他业务收入——某材料
　　　应交税费——应交增值税（销项税额）</td></tr>
<tr><td>2. 结转其他业务成本的核算</td><td>借：其他业务成本——某材料
　贷：原材料——某材料</td></tr>
<tr><td>（四）销售费用的核算</td><td colspan="2">借：销售费用
　贷：银行存款</td></tr>
<tr><td>（五）税金及附加的核算</td><td colspan="2">借：税金及附加
　贷：应交税费——应交××税</td></tr>
</table>

表 8　第四节　借贷记账法在企业中的应用（5）借贷记账法在利润形成及分配过程中的应用

<table>
<tr><td rowspan="2">（一）营业外收支的核算</td><td>1. 营业外收入的核算</td><td>借：银行存款
　贷：营业外收入</td></tr>
<tr><td>2. 营业外支出的核算</td><td>借：营业外支出
　贷：银行存款</td></tr>
</table>

(二) 本年利润的核算	1. 结转各收益类账户的净发生额	借：主营业务收入 其他业务收入 投资收益 营业外收入 贷：本年利润
	2. 结转各成本、费用、损失类账户的净发生额	借：本年利润 贷：主营业务成本 其他业务成本 税金及附加 销售费用 管理费用 财务费用 营业外支出
(三) 所得税的核算	1. 计提应交所得税	借：所得税费用 贷：应交税费——应交所得税
	2. 将“所得税费用”转入“本年利润”	借：本年利润 贷：所得税费用
(四) 利润分配的核算	1. 将本年实现的净利润转入“利润分配”	借：本年利润 贷：利润分配——未分配利润
	2. 提取盈余公积	借：利润分配——提取××盈余公积 贷：盈余公积——提取××盈余公积
	3. 向投资者分配利润	借：利润分配——应付现金股利 贷：应付股利
	4. 将已分配的利润转入“利润分配——未分配利润”	借：利润分配——未分配利润 贷：利润分配——提取××盈余公积 ——应付现金股利

练习题

一、单项选择题

1. 在借贷记账法下，下列各项中应登记在账户贷方的是（　　）。
   A. 所有者权益的减少　　B. 费用的增加或收入的减少
   C. 资产的增加或负债的减少　　D. 资产的减少或负债的增加
2. 某企业经计算年底应交所得税 10 000 元，下列会计分录正确的是（　　）。
   A. 借：利润分配　　10 000
   　　贷：应交税费——应交所得税　　10 000

B. 借：未分配利润　　10 000
　　贷：应交税费——应交所得税　　10 000

C. 借：所得税费用　　10 000
　　贷：应交税费——应交所得税　　10 000

D. 借：应交税费——应交所得税　　10 000
　　贷：银行存款　　10 000

3. 某企业上月末银行存款余额为150 000元，本月从银行提取现金2 000元；向银行借入短期借款100 000元，已存入银行；以银行存款归还前欠货款150 000元；收到东风工厂前欠货款40 000元，已存入银行；以银行存款支付广告费20 000元。假设不考虑其他因素，月末银行存款余额为（　　）元。

A. 128 000　　B. 118 000

C. 120 000　　D. 132 000

4. 某企业以银行存款偿还银行短期借款，应编制的会计分录是（　　）。

A. 借：短期借款
　　贷：银行存款

B. 借：银行存款
　　贷：短期借款

C. 借：应付账款
　　贷：银行存款

D. 借：银行存款
　　贷：应付账款

5. 企业计提本月应付的银行短期借款利息，应编制的会计分录是（　　）。

A. 借：管理费用
　　贷：应付利息

B. 借：应付利息
　　贷：管理费用

C. 借：财务费用
　　贷：应付利息

D. 借：财务费用
　　贷：短期借款

6. 企业结转完工入库产品成本，应编制的会计分录是（　　）。

A. 借：生产成本
　　贷：制造费用

B. 借：库存商品
　　贷：生产成本

C. 借：生产成本
　　贷：库存商品

D. 借：库存商品
　　贷：制造费用

7. 应收账款期初借方余额为80 000元，本期借方发生应收账款10 000元，期末尚有借方余额 50 000 元。假设不考虑其他因素，该企业本月收回的应收账款为（　　）元。

A. 40 000　　B. 20 000

C. 70 000　　D. 30 000

8. 某企业月初所有者权益总额为50万元，本月接受外单位投资10万元，各项收入80万元，各项费用（含所得税费用）60万元，提取盈余公积2万元。假设不考虑其他因素，该企业月末所有者权益总额为（　　）万元。

A. 60　　B. 82

C. 80　　D. 78

9. 下列关于负债账户期末余额计算公式的表述中，正确的是（　　）。

A. 期末余额=期初贷方余额+本期借方发生额-本期贷方发生额

B. 期末余额=期初借方余额+本期贷方发生额-本期借方发生额

C. 期末余额=期初借方余额+本期增加发生额-本期减少发生额

D. 期末余额=期初贷方余额+本期贷方发生额-本期借方发生额

10. “应付利息”账户的期初余额为贷方 30 000 元，本期借方发生额 20 000 元，贷方发生额5 000元。假设不考虑其他因素，则该账户的期末余额为（　　）元 。

A. 借方余额15 000　　B. 借方余额5 000

C. 贷方余额15 000　　D. 贷方余额25 000

11. 关于“本年利润”账户，下列说法不正确的是（　　）。

A. 借方余额表示计算期内的净亏损

B. 贷方登记计算期内的各项收益数额

C. 贷方余额表示计算期内的利润总额

D. 借方登记计算期内各项成本、费用、损失数额

12. “短期借款”账户期初余额为贷方 150 000 元，本期贷方发生额 100 000 元，借方发生额50 000元。假设不考虑其他因素，则期末贷方余额为（　　）元。

A. 100 000　　B. 50 000

C. 300 000　　D. 200 000

13. 某公司接受投资者投入设备一台，假设投入设备的入账价值与注册资本一致，在编制会计分录时，应贷记的会计科目是（　　）。

A. 固定资产　　B. 应付账款

C. 实收资本　　D. 资本公积

14. 某公司本月应发放职工工资12 000元。其中：生产工人工资8 000元，车间管理人员工资4 000元。假设不考虑其他因素，该项业务编制会计分录时涉及的账户是（　　）。

A. 应付职工薪酬、库存现金

B. 生产成本、制造费用、库存现金

C. 生产成本、制造费用、管理费用

D. 生产成本、制造费用、应付职工薪酬

15. 某企业本月仓库发出甲材料 2 000 千克，50 元/千克，计 100 000 元；发出乙材料 1 000 千克，40 元/千克，计 40 000 元。发出材料合计 140 000 元，均用于产品生产。假设不考虑其他因素，应编制的会计分录是（　　）。

A. 借：原材料——甲材料　100 000
　　　　　　——乙材料　40 000
　　贷：应付账款　140 000

B. 借：原材料——甲材料　100 000
　　　　　　——乙材料　40 000
　　贷：银行存款　140 000

C. 借：制造费用　140 000
　　贷：原材料——甲材料　100 000
　　　　　　　——乙材料　40 000

D. 借：生产成本　140 000
　　贷：原材料——甲材料　100 000
　　　　　　　——乙材料　40 000

16. 下列表述中，**不正确**的是（　　）。

A. 资产=负债+所有者权益

B. 负债类账户的期末余额=期初余额+本期借方发生额-本期贷方发生额

C. 权益类账户的期末余额=期初余额+本期贷方发生额-本期借方发生额

D. 资产类账户的期末余额=期初余额+本期借方发生额-本期贷方发生额

17. 以银行存款交纳企业所得税，所引起的变化是（　　）。

A. 一项资产增加，一项资产减少

B. 一项资产减少，一项负债减少

C. 一项负债减少，一项资产增加

D. 一项资产减少，一项所有者权益减少

18. 借贷记账法中，账户哪一方记增加，哪一方记减少的决定因素是（　　）。

A. 记账规则　　B. 账户结构

C. 账户性质　　D. 经济业务

19. 账户发生额试算平衡的依据是（　　）。

A. 经济业务类型　　B. 经济业务的内容

C. 资产=负债+所有者权益　　D. 借贷记账法的记账规则

20. 一般情况下，资产类账户贷方登记的是（　　）。

A. 固定资产的增加　　B. 原材料的增加

C. 预收账款的减少　　D. 应收账款的减少

21. 下列关于所有者权益类账户期末余额的表述中，正确的是（　　）。

A. 应在账户的借方　　B. 应在账户的贷方

C. 应与减少额同向　　D. 可能在借方，也可能在贷方

22. 下列关于收入类账户的表述中，正确的是（　　）。

A. 借方登记收入的结转数　　B. 借方登记所取得的收入

C. 若有余额在借方，属于资产　　D. 若有余额在贷方，属于负债

23. 下列属于固定资产备抵账户的是（　　）。

A. 固定资产　　B. 累计折旧

C. 制造费用　　D. 管理费用

24. 企业购进材料发生的装卸费等采购费用，应记入的是（　　）。

A. 管理费用　　B. 财务费用

C. 材料买价　　D. 材料采购成本

25. 下列费用中，不应记入产品成本的是（　　）。

A. 期间费用　　B. 制造费用

C. 直接材料费　　D. 直接人工费

26. “主营业务成本”账户借方登记的内容是（　　）。

A. 产品成本　　B. 在产品成本

C. 产品生产成本　　D. 已销售产品的制造成本

27. “利润分配”账户年末贷方余额表示的含义是（　　）。

A. 已分配的利润额　　B. 未分配的利润额

C. 未弥补的亏损额　　D. 累计实现的净利润

28. “本年利润”账户如果有期末贷方余额，其含义是（　　）。

A. 实现的利润总额

B. 实现的净利润

C. 截至本期本年累计实现的利润总额

D. 截至本期本年累计实现的净利润

29. 8 月 31 日，“本年利润”账户有贷方余额 50 000 元，其含义是（　　）。

A. 8 月份实现的净利润

B. 8 月 31 日实现的净利润

C. 1 月 1 日至 8 月 31 日累计实现的净利润

D. 结转利润分配数后的剩余数额

30. 企业实际收到投资者投入的资本，应记入的会计账户是（　　）。

A. 实收资本　　B. 盈余公积

C. 主营业务收入　　D. 其他业务收入

31. 下列项目不应计入一般纳税人材料采购成本的是（　　）。

A. 材料买价　　B. 材料的保险费

C. 材料的包装费　　D. 增值税进项税额

32. 期末计提的短期借款利息应记入的账户是（　　）。

A. 管理费用　　B. 生产成本

C. 财务费用　　D. 销售费用

33. 为了核算材料的收入、发出和结存情况，应设置的账户是（　　）。

A. 原材料　　B. 在途物资

C. 库存商品　　D. 生产成本

34. “在途物资”账户如果有期末余额，其含义是（　　）。

A. 全部材料的采购成本

B. 全部材料的计划成本

C. 已经入库但尚未支付款项的材料采购成本

D. 已经办理结算但尚未验收入库的在途物资的实际成本

35. 期末计提固定资产折旧时，应贷记的账户是（　　）。

A. 固定资产　　B. 折旧基金

C. 累计折旧　　D. 制造费用

36. 营业收入扣除营业成本、税金及附加、销售费用、管理费用、财务费用、资产减值损失、公允价值变动损失、投资损失后的余额是（　　）。

A. 利润总额　　B. 营业利润

C. 产品销售毛利　　D. 主营业务利润

37. 下列关于利润总额的计算，正确的是（　　）。

A. 营业利润+营业外收入-营业外支出

B. 主营业务利润+其他业务利润-管理费用-财务费用-销售费用

C. 营业利润+其他业务收入-其他业务成本+营业外收入-营业外支出

D. 营业利润+其他业务收入-其他业务成本+营业外收入-营业外支出±投资收益

38. 企业2月底应收账款借方余额为300万元，3月份收回前欠款80万元，用银行存款归还长期借款40万元。假设不考虑其他因素，则3月末应收账款余额为（　　）万元。

A. 220　　B. 180

C. 185　　D. 345

39. 与制造费用账户不可能发生对应关系的是（　　）。

A. 生产成本　　B. 其他应付款

C. 所得税费用　　D. 应付职工薪酬

40. 甲工厂为一般纳税人，本期从外地购入A材料，取得的增值税专用发票上注明货款为10 000元，增值税进项税额为1 600元，并以现金支付所负担的采购费用400元。假设不考虑其他因素，则A材料的采购成本为（　　）元。

A. 10 000　　B. 11 700

C. 12 100　　D. 10 400

41. “库存商品”账户的期初余额为1 000元，本期借方发生额为7 000元，本期贷方发生额为6 500元。假设不考虑其他因素，该账户的期末余额为（　　）元。

A. 1 500　　B. 500

C. 8 000　　D. 7 500

42. 企业年终结转后无余额的账户是（　　）。

A. 利润分配　　B. 本年利润

C. 盈余公积　　D. 应交税费

43. 在权责发生制下，下列款项中应列作本期收入的是（　　）。

A. 上月销售货款本月收存银行　　B. 本月销售货款本月收存银行

C. 本月预收下月货款存入银行

D. 本月收回多付的预付货款存入银行

二、多项选择题

1. 借贷记账法下的试算平衡有（　　）。

A. 动态平衡法

B. 静态平衡法

C. 余额试算平衡法

D. 发生额试算平衡法

2. 下列属于会计分录内容的有（　　）。

A. 借、贷符号

B. 借、贷数量

C. 借、贷金额

D. 应借、应贷账户

3. 下列关于“本年利润”账户的表述中，正确的有（　　）。

A. 期末借方余额反映净利润

B. 期末贷方余额反映亏损数

C. 借方登记费用类账户转入的费用支出数

D. 贷方登记收入类账户转入的收入数

4. 计算本月应交纳的城市维护建设税和教育费附加，涉及的会计科目有（　　）。

A. 应交税费

B. 其他业务成本

C. 主营业务成本

D. 税金及附加

5. 企业筹集资金的主要渠道有（　　）。

A. 发行债券

B. 购入股票

C. 发行股票

D. 向债权人借入

6. 下列经济业务中，会引起会计等式左右两边同时发生增减变动的有（　　）。

A. 用现金追加投资

B. 购进材料尚未付款

C. 以银行存款偿还长期借款

D. 商业承兑汇票抵付原欠货款

7. 编制会计分录时，必须考虑的因素有（　　）。

A. 登记哪些账户

B. 账户的余额在借方还是贷方

C. 记入账户的借方还是贷方

D. 经济业务发生导致会计要素的变动是增加还是减少

8. 下列错误中，不能通过试算平衡发现的有（　　）。

A. 某项经济业务未登记入账

B. 借贷双方同时多记了相等的金额

C. 只登记了借方金额，未登记贷方金额

D. 应借应贷的账户中颠倒了借贷方向

9. 在借贷记账法下，账户借方登记的内容有（　　）。

A. 资产的减少

B. 负债的减少

C. 费用的减少

D. 所有者权益的减少

10. 下列各个账户中，一般情况下会出现期末借方余额的有（　　）。

A. 原材料

B. 短期借款

C. 实收资本

D. 生产成本

11. 下列各个账户中，一般情况下出现期末贷方余额的有（　　）。

A. 管理费用　　B. 应付账款

C. 盈余公积　　D. 预收账款

12. 下列属于流动负债的有（　　）。

A. 预收账款　　B. 预付账款

C. 应收账款　　D. 应付账款

13. 下列属于期间费用的有（　　）。

A. 财务费用　　B. 销售费用

C. 制造费用　　D. 管理费用

14. 从仓库领用材料时，可能借记的账户有（　　）。

A. 原材料　　B. 制造费用

C. 材料采购　　D. 管理费用

15. 在核算材料采购业务时，与“在途物资”账户的借方相对应的账户一般有（　　）。

A. 应付账款　　B. 应付票据

C. 预付账款　　D. 预收账款

16. 下列账户中，在期末结转到“本年利润”后无余额的有（　　）。

A. 应交税费　　B. 所得税费用

C. 主营业务成本　　D. 税金及附加

17. 下列属于企业其他业务收入的有（　　）。

A. 利息收入　　B. 销售商品的收入

C. 出租固定资产的收入　　D. 销售多余材料的收入

18. 企业费用的发生，可能会引起的变动有（　　）。

A. 资产增加　　B. 资产减少

C. 负债增加　　D. 负债减少

19. 在借贷记账法下，用来进行试算平衡的公式中，正确的有（　　）。

A. 资产账户借方发生额合计=负债账户贷方发生额合计

B. 全部账户借方发生额合计=全部账户贷方发生额合计

C. 每类账户借方发生额合计=每类账户贷方发生额合计

D. 全部账户借方期初余额合计=全部账户贷方期初余额合计

20. 账户的贷方应记录的内容有（　　）。

A. 资产减少　　B. 负债增加

C. 收入减少　　D. 所有者权益减少

21. 下列账户与“生产成本”账户存在对应关系的有（　　）。

A. 原材料　　B. 制造费用

C. 固定资产　　D. 应付职工薪酬

22. “税金及附加”账户核算的内容有（　　）。

A. 所得税　　B. 消费税

C. 增值税销项税额　　D. 城市维护建设税

23. 构成营业利润的项目有（　　）。

A. 期间费用　　B. 投资收益

C. 主营业务成本　　D. 税金及附加

三、判断题

1. 留存收益包括盈余公积和未分配利润。（　　）

2. 在所有者权益类账户中，借方用来登记增加额，贷方用来登记减少额。（　　）

3. 分配车间管理人员工资时，应借记“制造费用”科目，贷记“应付职工薪酬”科目。（　　）

4. 生产企业销售商品的收入属于主营业务收入。（　　）

5. 为了简化记账手续，提高工作效率，可把不同经济业务合并编制复合会计分录。（　　）

6. 提取行政部门使用的固定资产折旧，涉及“管理费用”和“累计折旧”两个账户。（　　）

7. “财务费用”账户的借方登记当期费用的发生额，贷方登记期末结转到“本年利润”账户的数额，期末结转后该账户无余额。（　　）

8. 某公司销售商品一批，价款为10 000元，增值税进项税额为1 600元，款项尚未收到，因此不用确认为本期的收入。（　　）

9. 成本类账户期末应无余额。（　　）

10. 资产和所有者权益在金额上始终是相等的。（　　）

11. 在借贷记账法下，所有账户的左方均登记增加额，右方均登记减少额。（　　）

12. 一般说来，在借贷记账法下，各类账户的期末余额与记录增加的一方属同一方向。（　　）

13. 复式记账法可以反映经济业务的来龙去脉。（　　）

14. 复式记账法的记账规则是“有借必有贷，借贷必相等”。（　　）

15. 借贷记账法下账户的基本结构是：左方为借方，登记资产的增加、费用的增加和权益的减少、收入的减少；右方为贷方，登记资产的减少、费用的减少和权益的增加、收入的增加。（　　）

16. 用银行存款购买原材料不影响所有者权益变化，只引起资产的变化，但其总额不变。（　　）

17. “应交税费”账户的余额必定在贷方，表示应交未交的税金。（　　）

18. “应收账款”账户核算企业因销售商品、提供劳务等经营活动应收取的款项。（　　）

19. “制造费用”账户本期发生额期末转入“本年利润”账户后没有余额。（　　）

20. “在途物资”账户期末借方余额反映尚未验收入库的在途物资的实际成本。（　　）

21. “利润分配”账户年初借方余额表示以前年度已分配的利润。（　　）

22. 销售产品收到增值税销项税额应借记“税金及附加”账户。（　　）

23. 借贷记账法的试算平衡公式分为余额平衡公式和发生额平衡公式。（　　）

24. 实现了期初余额、本期发生额、期末余额的试算平衡，说明账户记录完全正确无误。（　　）

25. 在销售商品过程中发生的运输费、装卸费、包装费、保险费、展览费、广告费，应记入“销售费用”账户的借方。（　　）

四、业务题

（一）练习借贷记账法下编制会计分录、登记账户并编制试算平衡表。

邕桂公司为增值税一般纳税人，20×8 年 3 月 1 日有关账户余额如表 9 所示。

表 9　　邕桂公司 20×8 年 3 月 1 日有关账户余额　　单位：元

借方余额		贷方余额	
库存现金	5 000	短期借款	116 000
银行存款	38 600	应付账款	133 600
应收账款	12 000	应交税费	88 000
其他应收款	4 000	实收资本	330 000
原材料	106 000		
固定资产	360 000		
生产成本	142 000		
合计	667 600	合计	667 600

3 月份发生下列经济业务：

（1）购入设备一台，取得的增值税专用发票上注明设备的买价为 20 000 元，增值税进项税额为3 200元，价税款已用银行存款支付，设备已投入车间使用；

（2）从银行取得短期借款 100 000 元，存入银行；

（3）用现金购买办公用品 100 元，办公用品已由企业管理科室领用；

（4）向东方工厂购入 A 材料，增值税专用发票上注明买价为 60 000 元，增值税进项税额为 9 600 元，材料已验收入库，价税款暂欠；

（5）用银行存款 20 000 元，归还银行短期借款；

（6）开出转账支票一张，偿还上月所欠南方工厂的购货款 48 000 元；

（7）接到银行通知，收到南华工厂上月所欠购货款 10 000 元；

（8）用现金支付李林预借差旅费 2 000 元；

（9）出售甲产品 1 件，不含税售价 800 元，增值税销项税额 128 元，现金已收讫；

（10）将现金 928 元送存银行。

（11）结转本月损益。

要求：（假设不考虑其他因素）

（1）根据上述资料，开设有关的“T”字形账户，并登记期初余额；

（2）根据上述经济业务编制会计分录；

（3）根据会计分录登记账户并结算每个账户的本期发生额和期末余额；

（4）编制试算平衡表。

（二）练习资金筹集业务的核算

邕桂公司 20×8 年 4 月发生下列经济业务：

（1）收到股东李林投资款 400 000 元存入银行。

（2）20×8 年 4 月 1 日取得借款 200 000 元，期限为 6 个月，年利率为 6%，所得款项存入银行，利息于每月末计提，每季末支付。

要求：根据上述经济业务编制会计分录。（借款业务要求将取得借款、每月计息、每季支付利息和到期还本分别编制会计分录）

（三）练习材料采购业务核算

邕桂公司（一般纳税人）20×8 年 6 月发生下列经济业务：

（1）从黄河公司购入 A 材料 300 千克，单价 200 元，增值税专用发票上注明的买价为 60 000 元，增值税进项税额为 9 600 元。全部款项尚未支付，材料验收入库。

（2）以银行存款 30 000 元向泰山公司预付购买 B 材料的货款。

（3）从长江公司购入 C 材料 30 千克，单价 100 元，增值税专用发票上注明买价为 3 000 元，增值税进项税额为 480 元；D 材料 50 千克，单价 200 元，增值税专用发票上注明买价为 10 000 元，增值税进项税额为 1 600 元。上述款项全部用存款支付，材料验收入库。

（4）以银行存款 69 600 元，偿还所欠黄河公司的货款。

（5）从珠江公司购入 B 材料 50 千克，单价 120 元，增值税专用发票上注明买价为 6 000 元，增值税为 960 元，公司开具三个月不带息的商业汇票一张，材料尚未运达。

（6）收到泰山公司发来的已预付货款的 B 材料 200 千克，单价 115 元，增值税专用发票上注明买价为 23 000 元，增值税进项税额为 3 680 元，材料已验收入库。

（7）收到泰山公司退回的货款 3 320 元存入银行。

要求：根据上述经济业务编制会计分录。（假设不考虑其他因素）

（四）练习产品生产业务核算

邕桂公司 20×8 年 6 月份生产甲、乙两种产品，有关经济业务如下：

（1）本月仓库发出下列材料：产品耗用 A 材料 100 900 元。其中：甲产品 51 000 元，乙产品 49 000 元，车间一般消耗 900 元。

（2）分配本月工资费用 72 960 元。其中：生产工人工资 61 560 元（按生产工时比例分配：甲产品生产工时 600 小时，乙产品生产工时 400 小时）；车间行政管理人员工资 11 400 元。

（3）以银行存款 72 960 元支付本月工资。

（4）向南阳工厂租入厂办公用房一间，租期为 10 个月，以存款预付租金 45 000 元，本月负担 4 500 元。

（5）月末，计提本月生产车间的折旧费 1 300 元。

（6）月末，将本月发生制造费用在甲、乙产品之间按生产工时比例进行分配。

（7）计算甲、乙产品生产成本（其中：甲产品全部完工，乙产品全部未完工）；并结转完工甲产品实际生产成本。

要求：根据上述经济业务编制会计分录。（假设不考虑其他因素）

（五）练习销售业务核算

邕桂公司（一般纳税企业）20×8 年 7 月份发生下列经济业务：

（1）1 日，按合同向异地 N 公司赊销 A 产品一批，开出的增值税专用发票注明的价款为 240 000 元，增值税销项税额为 38 400 元，货已发出，并以银行存款代垫运杂费 3 200 元，款项尚未收到。该批 A 产品实际成本为 168 000 元。

（2）3 日，收到 K 公司补付的货款 66 000 元，存入银行。（上月预收并已发货）

（3）10 日，销售应税消费品 B 产品，开出的增值税专用发票注明的价款 80 000 元，增值税销项税额为 12 800 元，价税款已全部收到（转账支票），存入银行。该批 B 产品实际成本为 52 000 元，消费税税率为 10%。

（4）14 日，以银行存款支付本公司产品广告费 2 000 元、展览费 2 500 元。

（5）21 日，销售 A 产品一批给 W 公司，开出的增值税专用发票注明的价款 120 000元，增值税销项税额为 19 200 元，并以现金代垫运杂费 900 元。已收到经购货单位承兑的面值为 139 200 元的商业汇票。该批 A 产品实际成本为 84 000 元，产品已发出。

（6）25 日，收到 N 公司偿还的货款 281 600 元，已存入银行。

（7）29 日，按合同规定，预收 E 公司订购 B 产品货款 40 000 元，存入银行。

（8）31 日，经计算，结转本月应交城市维护建设税 9 800 元，应交教育费附加 4 200元。

要求：根据上述经济业务编制有关的会计分录。（假设不考虑其他因素）

（六）练习财务成果的核算

邕桂公司 20×8 年 7 月末有关损益类账户结账前的资料如表 10 所示。

表 10　　有关资料　　单位：万元

账户名称	本期发生额		账户名称	本期发生额	
	借方	贷方		借方	贷方
主营业务收入	2	54	主营业务成本	25	
其他业务收入		13	其他业务成本	5	
投资收益	14	10	税金及附加	4.2	
营业外收入		2	销售费用	6	
			管理费用	9	
			财务费用	2.5	
			营业外支出	1.2	
			所得税费用	2.53	

要求：（假设不考虑其他因素）

（1）根据上述资料，计算本月营业利润、利润总额和净利润；

（2）编制相关的会计分录。

一、单项选择题

1. D　2. C　3. B　4. A　5. C　6. B
7. A　8. C　9. D　10. C　11. C　12. D
13. C　14. D　15. D　16. B　17. B　18. C
19. D　20. D　21. B　22. A　23. B　24. D
25. A　26. D　27. B　28. D　29. C　30. A
31. D　32. C　33. A　34. D　35. C　36. B
37. A　38. A　39. C　40. D　41. A　42. B
43. B

二、多项选择题

1. CD　2. ACD　3. CD　4. AD　5. ACD　6. ABC
7. ACD　8. ABD　9. BD　10. AD　11. BCD　12. AD
13. ABD　14. BD　15. ABC　16. BCD　17. CD　18. BC
19. BD　20. AB　21. ABD　22. BD　23. ABCD

三、判断题

1. √　2. ×　3. √　4. √　5. ×　6. √
7. ×　8. ×　9. ×　10. ×　11. ×　12. √
13. √　14. ×　15. √　16. √　17. ×　18. √
19. ×　20. √　21. ×　22. ×　23. √　24. ×
25. √

四、业务题

（一）练习借贷记账法下编制会计分录、登记账户并编制试算平衡表。

1. 根据上述业务编制会计分录：

（1）借：固定资产——设备　20 000
　　　　应交税费——应交增值税（进项税额）　3 200
　　贷：银行存款　23 200

（2）借：银行存款　100 000
　　贷：短期借款　100 000

（3）借：管理费用——办公费　100
　　贷：库存现金　100

（4）借：原材料——A 材料　60 000
　　　　应交税费——应交增值税（进项税额）　9 600

贷：应付账款——东方工厂　　69 600

（5）借：短期借款　　20 000

贷：银行存款　　20 000

（6）借：应付账款——南方工厂　　48 000

贷：银行存款　　48 000

（7）借：银行存款　　10 000

贷：应收账款——南华工厂　　10 000

（8）借：其他应收款——李林　　2 000

贷：库存现金　　2 000

（9）借：库存现金　　928

贷：主营业务收入——甲产品　　800

应交税费——应交增值税（销项税额）　　128

（10）借：银行存款　　928

贷：库存现金　　928

（11）借：主营业务收入　　800

贷：本年利润　　800

借：本年利润　　100

贷：管理费用　　100

2. 记账：

借方　　库存现金　　贷方

期初余额	5 000		
	（9）928		（3）100
			（8）2 000
			（10）928
本期发生额	928	本期发生额	3 028
期末余额	2 900		

借方　　银行存款　　贷方

期初余额	38 600		
	（2）100 000		（1）23 200
	（7）10 000		（5）20 000
	（10）928		（6）48 000
本期发生额	110 928	本期发生额	91 200
期末余额	58 328		

借方	应收账款		贷方
期初余额	12 000		
			（7）10 000
本期发生额	0	本期发生额	10 000
期末余额	2 000		

借方	其他应收款		贷方
期初余额	4 000		
	（8）2 000		
本期发生额	2 000	本期发生额	0
期末余额	6 000		

借方	原材料		贷方
期初余额	106 000		
	（4）60 000		
本期发生额	60 000	本期发生额	0
期末余额	166 000		

借方	固定资产		贷方
期初余额	360 000		
	（1）20 000		
本期发生额	20 000	本期发生额	0
期末余额	380 000		

借方	短期借款		贷方
		期初余额	116 000
	（5）20 000		（2）100 000
本期发生额	20 000	本期发生额	100 000
		期末余额	196 000

借方	应付账款		贷方
		期初余额	133 600
	（6）48 000		（4）69 600
本期发生额	48 000	本期发生额	69 600
		期末余额	155 200

借方	应交税费		贷方
		期初余额	88 000
	（1）3 200 （4）9 600		（9）128
本期发生额	12 800	本期发生额	128
		期末余额	75 328

借方	主营业务收入		贷方
	（11）800		（9）800
本期发生额	800	本期发生额	800
		期末余额	0

借方	管理费用		贷方
	（3）100		（11）100
本期发生额	100	本期发生额	100
期末余额	0		

借方	本年利润		贷方
	（11）100		（11）800
本期发生额	100	本期发生额	800
		期末余额	700

3. 编制试算平衡表（表11）：

表11　　**总分类账户试算平衡表**

20×8年3月31日　　单位：元

会计科目	期初余额		本期发生额		期末余额	
	借方	贷方	借方	贷方	借方	贷方
库存现金	5 000		928	3 028	2 900	
银行存款	38 600		110 928	91 200	58 328	
应收账款	12 000			10 000	2 000	
其他应收款	4 000		2 000		6 000	
原材料	106 000		60 000		166 000	
固定资产	360 000		20 000		380 000	
生产成本	142 000				142 000	
短期借款		116 000	20 000	100 000		196 000

表11(续)

会计科目	期初余额		本期发生额		期末余额	
	借方	贷方	借方	贷方	借方	贷方
应付账款		133 600	48 000	69 600		155 200
应交税费		88 000	12 800	128		75 328
实收资本		330 000				330 000
本年利润			100	800		700
主营业务收入			800	800		
管理费用			100	100		
合计	667 600	667 600	275 656	275 656	757 228	757 228

（二）练习资金筹集业务的核算

1. 借：银行存款　400 000
　　贷：实收资本——李林　400 000

2. （1）借：银行存款　200 000
　　　　贷：短期借款　200 000
（2）借：财务费用　1 000
　　　贷：应付利息　1 000　（4、5、6 月计提利息）
（3）借：应付利息　3 000
　　　贷：银行存款　3 000　（6 月份支付本季度利息）
（4）借：财务费用　1 000
　　　贷：应付利息　1 000　（7、8 月计提利息）
（5）借：短期借款　200 000
　　　　应付利息　2 000
　　　　财务费用　1 000
　　　贷：银行存款　203 000（9 月份还本付息）

（三）练习材料采购业务核算

1. 借：原材料——A 材料　60 000
　　　应交税费——应交增值税（进项税额）　9 600
　　贷：应付账款——黄河公司　69 600
2. 借：预付账款——泰山公司　30 000
　　贷：银行存款　30 000
3. 借：原材料——C 材料　3 000
　　　　　　——D 材料　10 000
　　　应交税费——应交增值税（进项税额）　2 080
　　贷：银行存款　15 080
4. 借：应付账款——黄河公司　69 600
　　贷：银行存款　69 600

5. 借：在途物资——B 材料	6 000	
应交税费——应交增值税（进项税额）	960	
贷：应付票据——珠江公司		6 960
6. 借：原材料——B 材料	23 000	
应交税费——应交增值税（进项税额）	3 680	
贷：预付账款——泰山公司		26 680
7. 借：银行存款	3 320	
贷：预付账款——泰山公司		3 320

（四）练习产品生产业务核算

1. 借：生产成本——甲产品	51 000	
——乙产品	49 000	
制造费用——材料费	900	
贷：原材料——A 材料		100 900
2. 借：生产成本——甲产品	36 936	
——乙产品	24 624	
制造费用——人工费	11 400	
贷：应付职工薪酬——工资		72 960
3. 借：应付职工薪酬——工资	72 960	
贷：银行存款		72 960
4. 借：预付账款——南阳工厂	45 000	
贷：银行存款		45 000
借：管理费用——租金	4 500	
贷：预付账款——南阳工厂		4 500
5. 借：制造费用——折旧费	1 300	
贷：累计折旧		1 300

6. 本月制造费用合计＝900+11 400+1 300＝13 600（元）

甲产品应负担的制造费用＝13 600÷1 000×600＝8 160（元）

乙产品应负担的制造费用＝13 600÷1 000×400＝5 440（元）

借：生产成本——甲产品	8 160	
——乙产品	5 440	
贷：制造费用		13 600

7. 甲产品的生产成本＝51 000+36 936+8 160＝96 096（元）

乙产品的生产成本＝49 000+24 624+5 440＝79 064（元）

借：库存商品——甲产品	96 096	
贷：生产成本——甲产品		96 096

（五）练习销售业务核算

1. 借：应收账款——N 公司	281 600	
贷：主营业务收入——A 产品		240 000
应交税费——应交增值税（销项税额）		38 400

银行存款　3 200
借：主营业务成本——A 产品　168 000
贷：库存商品——A 产品　168 000
2. 借：银行存款　66 000
贷：预收账款——K 公司　66 000
3. 借：银行存款　92 800
贷：主营业务收入——B 产品　80 000
应交税费——应交增值税（销项税额）　12 800
借：主营业务成本——B 产品　52 000
贷：库存商品——B 产品　52 000
借：税金及附加　8 000
贷：应交税费——应交消费税　8 000
4. 借：销售费用——广告费　2 000
——展览费　2 500
贷：银行存款　4 500
5. 借：应收票据——W 公司　140 100
贷：主营业务收入——A 产品　120 000
应交税费——应交增值税（销项税额）　19 200
库存现金　900
借：主营业务成本——A 产品　84 000
贷：库存商品——A 产品　84 000
6. 借：银行存款　281 600
贷：应收账款——N 公司　281 600
7. 借：银行存款　40 000
贷：预收账款——E 公司　40 000
8. 借：税金及附加　14 000
贷：应交税费——应交城建税　9 800
——应交教育费附加　4 200

（六）练习财务成果的核算

1. 计算本月营业利润、利润总额和净利润

营业利润＝（54−2）+13+（10−14）−25−5−4.2−6−9−2.5＝9.3（万元）

利润总额＝9.3+2−1.2＝10.1（万元）

净利润＝10.1−2.53＝7.57（万元）

2. 会计分录

（1）借：主营业务收入　520 000
其他业务收入　130 000
投资收益　40 000
营业外收入　20 000
贷：本年利润　630 000

（2）借：本年利润	529 000	
贷：主营业务成本		250 000
其他业务成本		50 000
税金及附加		42 000
销售费用		60 000
管理费用		90 000
财务费用		25 000
营业外支出		12 000
（3）借：所得税费用	25 300	
贷：应交税费——应交所得税		25 300
（4）借：本年利润	25 300	
贷：所得税费用		25 300

第四章 会计凭证

要点总览

- 会计凭证的概念
- 原始凭证
  - 原始凭证的内容
  - 原始凭证的种类
  - 原始凭证的填制要求
  - 原始凭证的审核
- 记账凭证
  - 记账凭证的内容
  - 记账凭证的种类
  - 记账凭证的填制要求
  - 记账凭证的审核
- 会计凭证的传递、装订与保管

重点难点

- 重点
  - 原始凭证
    - 原始凭证的种类
    - 原始凭证的填制要求
    - 原始凭证的审核
  - 记账凭证
    - 记账凭证的种类
    - 记账凭证的填制要求
    - 记账凭证的审核
- 难点
  - 原始凭证
    - 原始凭证的填制要求
    - 原始凭证的审核
  - 记账凭证
    - 记账凭证的填制要求
    - 记账凭证的审核

知识点梳理

表 1　　　　第一节　会计凭证概述

一、会计凭证的概念	会计凭证，简称凭证，是记录经济业务事项，明确经济责任，并据以登记会计账簿的书面证明	
二、会计凭证的种类	原始凭证	也称单据，是在经济业务发生或完成时取得或填制的记录，也是反映经济业务具体内容及其发生或完成情况的书面证明
	记账凭证	也称记账凭单，是会计人员根据审核无误后的原始凭证，据以确定经济业务应借、应贷的会计科目和金额（即会计分录）后填制的会计凭证
三、会计凭证的作用	（一）反映经济信息，提供登账依据 （二）明确经济责任，强化内部控制 （三）加强会计监督，控制经济运行	

表 2　　　　第二节　原始凭证

一、原始凭证的基本内容	1. 原始凭证的名称 2. 填制凭证的日期及编号 3. 接受凭证的单位名称 4. 经济业务内容（数量、金额等） 5. 填制凭证的单位名称或填制人姓名 6. 经办人员的签名或签章		
二、原始凭证的种类	（一）按来源分	外来原始凭证	从其他单位或个人直接取得的原始凭证，如供货单位开具的发票、银行结算凭证等
		自制原始凭证	由本单位内部经办该业务的部门或个人自行填制的，仅在本单位内部使用的原始凭证，如产品出库单、收料单、领料单、工资单等
	（二）按填制手续及内容分	一次凭证	一次填制完成的，只记录一项或同时发生的若干项同类的经济业务的原始凭证，如发票、收据、领料单、银行结算凭证等
		累计凭证	在一定时期内多次记录若干项同类经济业务的原始凭证，如限额领料单
		汇总原始凭证	将一定时期内反映同类经济业务的若干张原始凭证汇总而成的原始凭证，如工资汇总表、差旅费报销单等
	（三）按格式分	通用凭证	由有关部门统一印制、在一定范围内使用的具有统一格式和使用方法的原始凭证，如增值税专用发票、由中国人民银行制作的银行转账结算凭证等
		专用凭证	由单位自行印制、仅在本单位内部使用的原始凭证，如出库单、差旅费报销单、折旧计算表等
三、原始凭证的填制要求	1. 真实合法，手续完备 2. 内容完整，书写清楚 3. 填制及时，编号连续 4. 大小写金额书写规范 5. 其他要求		
四、原始凭证的审核内容	1. 真实性　2. 合法性　3. 合理性　4. 完整性　5. 正确性　6. 及时性		

表 3　　　　第三节　记账凭证

<table>
<tr><td>一、记账凭证的基本内容</td><td colspan="6">1. 记账凭证的名称、填制日期及编号
2. 经济业务事项的内容摘要
3. 会计分录，包括会计科目、借贷方向和金额
4. 记账标记
5. 所附原始凭证张数
6. 有关人员的签章</td></tr>
<tr><td rowspan="8">二、记账凭证的种类</td><td rowspan="6">（一）按内容分</td><td rowspan="5">专用记账凭证</td><td rowspan="2">收款凭证</td><td>库存现金收款凭证</td><td>用于记录库存现金收入业务的会计凭证；抬头的借方科目为库存现金</td><td>备注：对于涉及库存现金和银行存款之间的经济业务，一般只编制付款凭证</td></tr>
<tr><td>银行存款收款凭证</td><td colspan="2">用于记录银行存款收入业务的会计凭证；抬头的借方科目为银行存款</td></tr>
<tr><td rowspan="2">付款凭证</td><td>库存现金付款凭证</td><td colspan="2">用于记录库存现金支出业务的会计凭证；抬头的贷方科目为库存现金</td></tr>
<tr><td>银行存款付款凭证</td><td colspan="2">用于记录银行存款支出业务的会计凭证；抬头的贷方科目为银行存款</td></tr>
<tr><td>转账凭证</td><td colspan="3">用于记录不涉及货币资金收支业务的会计凭证，无抬头科目</td></tr>
<tr><td colspan="2">通用记账凭证</td><td colspan="3">不区分收款、付款和转账业务，在同一格式的凭证中记录所有经济业务的会计凭证；其格式与转账凭证格式基本相同，凭证下方的责任人多“出纳”一栏</td></tr>
<tr><td rowspan="2">（二）按填列方式分</td><td colspan="2">复式记账凭证</td><td colspan="2">每一项经济业务事项所涉及的全部会计科目及其金额均在同一张会计凭证中反映的一种凭证</td><td>备注：收款凭证、付款凭证、转账凭证和通用记账凭证都是复式记账凭证</td></tr>
<tr><td colspan="2">单式记账凭证</td><td colspan="3">每一张记账凭证只填列经济业务事项所涉及的一个会计科目及其金额的会计凭证</td></tr>
<tr><td>三、记账凭证的编制要求</td><td>基本要求</td><td colspan="5">1. 根据经济业务内容选取记账凭证的种类
2. 以审核无误的原始凭证为依据填制记账凭证
3. 正确填写记账凭证的日期
4. 记账凭证应连续编号
5. 经济业务的内容摘要应简明扼要
6. 根据先借后贷的顺序规范填写会计科目
7. 正确、规范地填写金额数字
8. 逐行填写不得留空，金额栏空行处划线注销
9. 正确计算所附原始凭证的张数
10. 有关人员的签章必须完整
11. 使用规范的方法更正记账凭证错误</td></tr>
<tr><td>四、记账凭证的审核内容</td><td colspan="6">1. 内容是否真实
2. 项目是否齐全
3. 科目是否正确
4. 金额是否正确
5. 书写是否规范</td></tr>
</table>

表 4　　　　　　　　　　　第四节　会计凭证的传递、装订与保管

一、会计凭证的传递	传递的定义	会计凭证的传递，是指从会计凭证取得或填制开始，到归档保管为止，按规定的时间、路线在本单位内部有关部门和人员之间办理业务手续、进行处理的过程
	传递的基本要求	会计凭证的传递，要求能够满足内部控制制度的要求，既要保证有关部门和人员能对会计凭证进行审核和处理，又要尽可能减少传递中不必要的环节和手续，节约传递时间
	传递程序	传递程序是指一张会计凭证，从填制完成时起，应该先后交到哪个部门、哪个岗位、由谁办理业务手续，直至归档保管为止的流程。单位应根据自身具体情况制定每一种凭证的传递程序
	传递时间	在充分考虑各有关部门和人员完成工作所需时间的情况下，明确规定会计凭证在各部门停留的最长时间
二、会计凭证的装订方法	1. 每月末，按凭证种类、编号顺序进行整理、核查 2. 连同原始凭证一起，加封面、封底，装订成册 3. 在装订线处加贴封签，装订人员在装订线封签处加签章 4. 封面注明单位名称、凭证种类、凭证张数、起止号数，年度、月份等有关事项 5. 会计主管人员和保管人员在封面上签章	
三、会计凭证的保管要求	1. 单位从外部接收的原始凭证，符合条件的，可以仅以电子形式归档保存 2. 装订成册的会计凭证应及时交由本单位档案机构或档案工作人员保管，出纳人员不得兼管会计凭证 3. 办理会计凭证移交时，应当编制会计档案移交清册，并按国家有关规定办理移交手续 4. 单位保存的会计凭证一般不得对外借出。确因工作需要且按国家有关规定必须借出的，应按要求办理手续 5. 会计凭证在保管期满之前不得销毁 6. 保管期满后的会计凭证，可以销毁的，须在一定程序下销毁 7. 保管期满后的会计凭证，不可销毁的，应按要求单独保管，并在会计档案销毁清册和会计档案保管清册中列明	

练习题

一、单项选择题

1. 下列属于外来原始凭证的是（　　）。

A. 入库单　　B. 火车票
C. 工资发放表　　D. 成本计算单

2. 下列属于通用原始凭证的是（　　）。

A. 出库单　　B. 工资计算表
C. 制造费用分配表　　D. 增值税专用发票

3. 在一定时期内多次记录若干项同类经济业务的原始凭证的是（　　）。

A. 一次凭证　　B. 累计凭证
C. 记账凭证　　D. 汇总原始凭证

4. 可以不附原始凭证的记账凭证是（　　）。
   A. 结转本年利润的记账凭证　　B. 支付所欠货款的记账凭证
   C. 从银行提取现金的记账凭证　　D. 职工临时性借款的记账凭证
5. 对于填写金额合计数有错的原始凭证，正确的处理方法是（　　）。
   A. 由经办人员更正　　B. 由出具单位更正
   C. 由出具单位重开　　D. 不予以接受，并报告单位负责人
6. 原始凭证的合法性指的是（　　）。
   A. 原始凭证的各项基本要素是否齐全
   B. 原始凭证是否充分、客观地反映经济业务的发生或完成情况
   C. 原始凭证所记录的经济业务是否符合企业生产经营活动的需要
   D. 原始凭证所记录的经济业务是否符合国家的法律法规的规定
7. 下列属于自制原始凭证的是（　　）。
   A. 火车票　　B. 购货发票
   C. 银行汇票　　D. 制造费用分配表
8. 企业以转账支票支付购买甲材料的款项 30 000 元，会计人员应编制的是（　　）。
   A. 购货发票　　B. 收款凭证
   C. 付款凭证　　D. 转账凭证
9. 会计凭证分为原始凭证和记账凭证的依据是（　　）。
   A. 取得来源不同　　B. 表格格式不同
   C. 填制程序和用途不同　　D. 反映经济业务的内容不同
10. 下列不属于记账凭证的是（　　）。
   A. 收款凭证　　B. 付款凭证
   C. 转账支票　　D. 通用记账凭证
11. 关于原始凭证填制的基本要求，下列说法中不正确的是（　　）。
   A. 职工外出的借款凭据，在其报账时须退还给其本人
   B. 凡填有大写和小写金额的原始凭证，大写和小写金额必须相符
   C. 从外单位取得的原始凭证，必须盖有填制单位的公章或财务专用章
   D. 自制的原始凭证，必须有经办单位负责人或指定人员的签名或盖章
12. 用现金支票支付租赁费，会计人员应填制的是（　　）。
   A. 银行存款付款凭证　　B. 库存现金付款凭证
   C. 银行存款收款凭证　　D. 库存现金收款凭证
13. 企业销售产品，货款尚未收到，会计人员应该根据增值税专用发票填制的是（　　）。
   A. 收款凭证　　B. 付款凭证
   C. 转账凭证　　D. 结算凭证
14. 下列内容不属于记账凭证编制的基本要求的是（　　）。
   A. 必须有会计主管的签章　　B. 必须有单位负责人的签章
   C. 须按经济业务发生的顺序编号　　D. 发现填制错误时须重新填制

15. 从银行提取库存现金备用，会计人员应填制的是（　　）。

A. 银行存款付款凭证　　B. 库存现金付款凭证

C. 银行存款收款凭证　　D. 库存现金收款凭证

16. 记账凭证分为收款凭证、付款凭证和转账凭证，依据的是（　　）。

A. 填制手续不同　　B. 表格格式不同

C. 取得的来源不同　　D. 记载的经济业务内容不同

17. 一般情况下，企业会计日常核算工作的起点是（　　）。

A. 财产清查　　B. 登记会计账簿

C. 填制会计凭证　　D. 设置会计科目和账户

18. 填制会计凭证时，¥39 005.80 的大写是（　　）。

A. 人民币叁万玖仟伍元捌角　　B. 人民币叁万玖仟零伍元捌角

C. 人民币叁万玖仟伍元捌角整　　D. 人民币叁万玖仟零伍元捌角整

19. 某企业销售产品一批，不含税售价 30 000 元，增值税销项税额为 4 800 元，款项尚未收到。该笔业务应编制的记账凭证是（　　）。

A. 收款凭证　　B. 付款凭证

C. 转账凭证　　D. 以上均可

20. 某公司 20×8 年 1 月 6 日以银行存款支付厂房租赁费用，每年租金为 24 000 元，租赁期为三年，厂房租赁费用每月月末分摊，根据该笔业务，会计人员的做法正确的是（　　）。

A. 填制银行存款付款凭证，借方科目“制造费用”金额 24 000 元

B. 填制银行存款付款凭证，借方科目“预付账款”金额 24 000 元

C. 填制转账凭证，借方科目“制造费用”，贷方科目“预付账款”金额 22 000元

D. 填制银行存款付款凭证，借方科目“制造费用”金额 2 000 元，“预付账款”金额 22 000 元

二、多项选择题

1. 关于填制原始凭证，下列说法正确的有（　　）。

A. 一式数联的凭证，各联内容必须相同

B. 凭证填写的手续必须符合内部牵制要求

C. 如果发现错误，应立即销毁，重新编制

D. 对外开出的原始凭证必须加盖本单位公章

2. 关于填制记账凭证，下列说法正确的有（　　）。

A. 根据原始凭证汇总表填制

B. 根据每一张原始凭证填列

C. 根据若干张同类原始凭证汇总填制

D. 将若干张不同内容和类别的原始凭证汇总编制在一张记账凭证上

3. 下列人员中，应在记账凭证上签章的有（　　）。

A. 制单人员　　B. 会计主管

C. 记账人员　　D. 单位负责人

4. 收款凭证左上角的借方科目可能有（　　）。

A. 应收账款　　B. 应付账款

C. 银行存款　　D. 库存现金

5. 下列关于会计凭证传递装订和保管的说法中，正确的有（　　）。

A. 原始凭证较多时可以单独装订

B. 通过合理设计会计凭证的传递程序可以加强会计监督

C. 装订成册的会计凭证要加具封面，并逐项填写封面内容

D. 单位应统一制定一个适用于所有会计凭证的传递程序和方法，以便管理

6. 下列项目中，属于原始凭证基本内容的有（　　）。

A. 凭证名称　　B. 填制日期

C. 经办人员签章　　D. 数量、单价和金额

7. 下列各项中，属于记账凭证基本内容的有（　　）。

A. 所附原始凭证的张数

B. 填制凭证的日期和凭证的编号

C. 会计科目的名称、记账方向和金额

D. 制单、复核、会计主管等有关人员的签章

8. 下列属于一次性原始凭证的有（　　）。

A. 火车票　　B. 购货发票

C. 限额领料单　　D. 银行对账单

9. 下列属于复式记账凭证的有（　　）。

A. 收款凭证　　B. 付款凭证

C. 转账凭证　　D. 通用记账凭证

10. 张某出差归来，报销差旅费 2 000 元，出差前预支现金 3 000 元，现退回剩余现金 1 000 元，会计人员应编制的记账凭证有（　　）。

A. 收款凭证　　B. 付款凭证

C. 转账凭证　　D. 累计凭证

11. 下列可以作为原始凭证的有（　　）。

A. 领料单

B. 火车票

C. 银行对账单

D. 有对方单位负责人签章的采购物资证明

12. 下列关于会计凭证的表述中，正确的有（　　）。

A. 登记账簿的依据　　B. 记录经济业务的书面证明

C. 明确经济责任的会计资料　　D. 编制财务报表的直接依据

13. 下列属于外来原始凭证的有（　　）。

A. 银行付款通知单

B. 采购材料时取得的购货发票

C. 销售商品时开具的销货发票

D. 本单位车辆运送货物时取得的车辆通行费收据

14. 下列经济业务中应填制付款凭证的有（　　）。

A. 固定资产折旧　　B. 采购材料时预付定金

C. 从银行提取现金备用　　D. 以银行存款支付之前所欠货款

15. 下列说法正确的有（　　）。

A. 购买材料的原始凭证，必须有验收证明

B. 记账凭证上的日期指的是经济业务发生的日期

C. 有关现金和银行存款的收支凭证，如果填写错误，必须作废

D. 对于涉及“库存现金”和“银行存款”之间的经济业务，一般只编制收款凭证

16. 下列属于原始凭证审核内容的有（　　）。

A. 对通用原始凭证，应审核凭证本身的真实性

B. 原始凭证所记录的经济业务是否符合有关计划和预算

C. 原始凭证所记录的经济业务是否符合国家的法律法规的规定

D. 原始凭证是否在经济业务发生或完成时及时填制，是否及时进行凭证的传递

17. 下列属于记账凭证审核内容的有（　　）。

A. 书写是否规范

B. 金额的填写是否正确

C. 科目及其借贷方向是否正确

D. 记账凭证的内容与所附原始凭证反映的经济业务内容是否一致

18. 下列日期填写正确的有（　　）。

A. 贰仟零壹拾捌年贰月壹拾伍日　　B. 贰零壹捌年零贰月壹拾伍日

C. 贰零壹捌年零壹拾月贰拾伍日　　D. 贰零壹捌年零拾贰月贰拾伍日

19. 对于小写金额的书写规范，下列说法正确的有（　　）。

A. 金额数字前书写货币币种符号

B. 币种符号与金额数字之间要留有空白

C. 数字前写有币种符号的，数字后不再写货币单位

D. 金额数字有角无分的，应当在分位写“0”，不得用符号“—”代替

20. 若发现记账凭证填制错误，下列做法正确的有（　　）。

A. 若错误在登记账簿之前发现，应重新填制

B. 若错误在登记账簿之前发现，应及时用划线法在原记账凭证上更正

C. 已登记入账的记账凭证，如果在当年内发现填写错误，应该用红字填写一张与原内容相同的记账凭证，同时再用蓝字重新填制一张正确的记账凭证

D. 已登记入账的记账凭证，如果在当年内发现只有金额填写错误，可根据正确数字和错误数字之间的差额，另编一张调整的记账凭证，调增金额用红字，调减金额用蓝字

三、判断题

1. 所有的记账凭证都必须附有原始凭证。（　　）

2. 原始凭证是登记会计账簿的直接依据。 ( )

3. 工资汇总表属于一次凭证。 ( )

4. 领料单都属于累计凭证。 ( )

5. 由中国人民银行统一制定的支票、商业汇票等结算凭证属于通用凭证。 ( )

6. 从外单位取得的原始凭证，必须有填制单位负责人的签章。 ( )

7. 小写金额“￥27 000.10”的汉字大写金额应该为“人民币贰万柒仟元壹角”。 ( )

8. 如果一项经济业务会引起银行存款增加，那么会计人员必须填制银行存款收款凭证。 ( )

9. 记账凭证一个月内应连续编号。 ( )

10. 转账凭证只记录与货币资金收付无关的内容。 ( )

四、业务题

资料：邕桂公司20×8年9月发生如下经济业务：

（1）1日，一车间领用甲材料500千克，价值5 000元，用于生产A产品。

（2）3日，收到金玲公司上个月所欠货款22 800元，款存银行。

（3）4日，以现金购买办公用品2 000元，该批办公用品已发给企业各个管理部门使用。

（4）6日，以银行存款购买生产设备一台，价值180 000元，增值税进项税额为28 800元，预计使用年限为10年，净残值为零。

（5）11日，向至美公司销售A产品600件，每件25元，共计15 000元，增值税销项税额为2 400元。货物已发，款项尚未支付。

（6）13日，收到至美公司前欠货款17 400元，款存银行。

（7）14日，从银行提取现金30 000元，备发工资。

（8）15日，发放员工工资，其中生产工人工资30 000元以现金发放，生产管理人员工资7 500元和行政管理人员工资10 200元通过银行转账至个人银行卡。

（9）22日，采购员孙犁预借差旅费1 500元。

（10）26日，向中华夏公司购买甲材料600千克，每千克11元，共计6 600元，增值税进项税额为1 056元，材料已验收入库，货款尚未支付。

（11）27日，采购员孙犁出差回来，报销差旅费1 280元，交回现金220元。

要求：假设不考虑其他因素，根据上述经济业务编制会计分录，并判断应使用何种记账凭证（收款凭证、付款凭证、转账凭证）。

参考答案

一、单项选择题

1. B	2. D	3. B	4. A	5. C	6. D
7. D	8. C	9. C	10. C	11. A	12. A

13. C	14. B	15. A	16. D	17. C	18. D
19. C	20. B				

二、多项选择题

1. ABD	2. ABC	3. ABC	4. CD	5. ABCD	6. ABCD
7. ABCD	8. AB	9. ABCD	10. AC	11. AB	12. ABC
13. ABD	14. BCD	15. AC	16. ABCD	17. ABCD	18. BC
19. ACD	20. AC				

三、判断题

1. ×	2. ×	3. √	4. ×	5. √	6. ×
7. ×	8. ×	9. √	10. √		

四、业务题

（1）应填制转账凭证，会计分录如下：

借：生产成本——A 产品　　5 000

　贷：原材料——甲材料　　5 000

（2）应填制收款凭证，会计分录如下：

借：银行存款　　22 800

　贷：应收账款——金玲公司　　22 800

（3）应填制付款凭证，会计分录如下：

借：管理费用——办公费　　2 000

　贷：库存现金　　2 000

（4）应填制银行付款凭证，会计分录如下：

借：固定资产——生产设备　　180 000

　　应交税费——应交增值税（进项税额）　　28 800

　贷：银行存款　　208 800

（5）应填制转账凭证，会计分录如下：

借：应收账款——至美公司　　17 400

　贷：主营业务收入——A 产品　　15 000

　　　应交税费——应交增值税（销项税额）　　2 400

（6）应填制收款凭证，会计分录如下：

借：银行存款　　17 400

　贷：应收账款——至美公司　　17 400

（7）应填制付款凭证，会计分录如下：

借：库存现金　　30 000

　贷：银行存款　　30 000

（8）应填制两张付款凭证，一张库存现金付款凭证，一张银行存款付款凭证，有关会计分录如下：

借：应付职工薪酬——工资　　30 000
　贷：库存现金　　30 000
借：应付职工薪酬——工资　　17 700
　贷：银行存款　　17 700

(9) 应填制付款凭证，会计分录如下：

借：其他应收款——孙犁　　1 500
　贷：库存现金　　1 500

(10) 应填制转账凭证，会计分录如下：

借：原材料——甲材料　　6 600
　　应交税费——应交增值税（进项税额）　　1 056
　贷：应付账款——中华夏公司　　7 656

(11) 应编制一张转账凭证，一张收款凭证，会计分录如下：

借：管理费用——差旅费　　1 280
　贷：其他应收款——孙犁　　1 280
借：库存现金　　220
　贷：其他应收款——孙犁　　220

第五章 会计账簿

要点总览

- 会计账簿概述
  - 会计账簿的内容
  - 会计账簿的种类
  - 会计账簿的作用
- 会计账簿的启用与记账规则
  - 会计账簿的启用
  - 会计账簿的记账规则
  - 账簿的更换与保管
- 会计账簿的登记方法
  - 序时账的登记方法
  - 总账的登记方法
  - 明细账的登记方法
  - 备查账的登记方法
  - 总分类账与明细分账的平行登记
    - 平行登记的含义
    - 平行登记的要点
- 对账
  - 对账的作用
  - 对账的内容
    - 账证核对
    - 账账核对
    - 账实核对
- 结账
  - 结账的程序
  - 结账的方法
    - 明细账的结账方法
    - 总账的结账方法
- 错账更正方法
  - 查找错账方法
    - 顺查法
    - 逆查法
    - 抽查法
    - 偶合法
  - 错账更正方法
    - 划线更正法
    - 红字更正法
    - 补充登记法

重点难点

重点：
- 会计账簿的内容、种类、作用
- 会计账簿的启用和记账规则
- 会计账簿的格式和登记方法
- 对账的方法
- 结账的方法
- 查找错账的方法以及错账更正的方法

难点：
- 会计账簿的内容、种类、作用
- 会计账簿的启用和记账规则
- 会计账簿的格式和登记方法
- 对账的方法
- 结账的方法
- 查找错账的方法以及错账更正的方法

知识点梳理

表 1　　第一节　会计账簿概述

一、会计账簿的内容		1. 概念：是指由一定格式账页组成的，以经过审核的会计凭证为依据，序时、连续、系统、全面地记录和反映会计主体各项经济业务的簿籍 2. 内容：各种不同种类的会计账簿都应具备封面、扉页、账页
二、会计账簿的种类	（一）账簿按其用途分类	1. 序时账簿：又称日记账，是按照经济业务发生或完成时间的先后顺序逐日逐笔进行登记的账簿 2. 分类账簿：是对全部经济业务事项按照会计要素的具体类别而设置的分类账户进行登记的账簿，又分总分类账和明细分类账 3. 备查账簿：又称辅助账簿，是对某些在序时账簿和分类账簿等主要账簿中都不予登记或登记不够详细的经济业务事项进行补充登记时使用的账簿
	（二）账簿按其外表形式分类	1. 订本账：启用之前就已将账页装订在一起，并对账页进行了连续编号的账簿 2. 活页账：在账簿登记完毕之前并不固定装订在一起，而是把零散的账页装在活页账夹中，可以随时增减账页 3. 卡片账：是将账户所需格式印刷在硬卡上
	（三）账簿按其账页格式分类	1. 两栏式：只有借方和贷方两个基本金额栏目的账簿 2. 三栏式：有借方、贷方和余额三个基本栏目的账簿 3. 多栏式：是在账簿的两个基本栏目借方和贷方按需要分设若干金额专栏的账簿 4. 数量金额式：数量金额式账簿的借方、贷方和余额三个栏目内，都分设数量、单价和金额三小栏，借以反映财产物资的实物数量和价值量
三、会计账簿的作用	1. 通过账簿的设置和登记，可以记载、储存会计信息 2. 通过账簿的设置和登记，可以分类、汇总会计信息 3. 通过账簿的设置和登记，可以检查、校正会计信息 4. 通过账簿的设置和登记，可以编报、输出会计信息	

表 2

第二节　会计账簿启用与记账规则

一、会计账簿的启用	在启用会计账簿时，应当在账簿的有关位置记录以下相关信息： 1. 设置账簿的封面与封底 2. 填写账簿启用及经管人员一览表 3. 粘贴印花税票
二、会计账簿的记账规则	1. 准确完整 2. 注明记账符号 3. 书写留空 4. 正常记账使用蓝黑墨水笔 5. 特殊记账使用红墨水笔 （1）按照红字冲账的记账凭证，冲销错误记录 （2）在不设借贷等栏的多栏式账页中，登记减少数 （3）在三栏式账户的余额栏钱，如未印明余额方向的，在余额栏内登记负数余额 （4）根据国家统一的会计法规制度的规定可以用红字登记的其他会计记录 6. 顺序连续登记 7. 结出余额 8. 过次承前
三、账簿的更换和保管	会计账簿的更换通常在新会计年度建账时进行。一般来说，总账、日记账和多数明细账应每年更换一次。但有些财产物资明细账和债权债务明细账由于材料品种、规格和往来单位较多，更换新账、重抄一遍的工作量较大，因此，可以不必每年度更换一次。各种备查账簿也可以连续使用 年度终了，各种账户在结转下年，建立新账后，一般都要把旧账送交总账会计集中统一管理。被更换下来的旧账是会计档案的重要组成部分，必须科学、妥善地加以保管。会计账簿暂由本单位财务会计部门保管一年，期满之后，由财务会计部门编造清册移交本单位的档案部门管理

表 3

第三节　会计账簿的登记方法

一、序时账的登记方法	（一）普通日记账	1. 普通日记账的格式	普通日记账也称分录簿，适用于序时地登记特种日记账以外的经济业务；如果不设置特种日记账，则要序时登记全部经济业务，一般采用两栏式账页
		2. 普通日记账的登记方法	普通日记账是由会计人员根据审核无误后的原始凭证序时逐笔登记各项经济业务，要登记日期、凭证编号、经济业务内容摘要、借贷方科目和金额。如果分类账是根据日记账来登记，则在过账后应在日记账的账页数栏中注明分类账的页数
	（二）特种日记账	1. 库存现金日记账的格式和登记方法	库存现金日记账，是用来核算和监督库存现金每天的收入、支出和结存情况的账簿 ①格式：有三栏式和多栏式两种，均须使用订本账 ②登记方法：出纳人员根据审核后的与库存现金收付有关的记账凭证，按时间顺序逐日逐笔进行登记，并根据“本日余额=上日余额+本日收入-本日支出”的公式，逐日结出库存现金余额，与库存现金实存数核对，以检查每日库存现金收付是否有误
		2. 银行存款日记账的格式和登记方法	银行存款日记账，是用来序时反映银行存款每日的收入、支出和结余情况的账簿 ①格式：有三栏式和多栏式两种，均须使用订本账 ②银行存款日记账的登记方法也与库存现金日记账的登记方法基本相同，也需要做到“日清月结”，并要定期与银行对账单核对

表3(续)

二、分类账的登记方法	（一）总分类账登记方法	1. 格式	一般为三栏式，设置借方、贷方和余额三个基本金额栏目，必须使用订本账
		2. 登记方法	登记方法比较灵活，根据不同的账务处理程序，有不同的登记方法。可以根据记账凭证逐笔登记总分类账，也可以根据经过汇总的科目汇总表或汇总记账凭证等登记
	（二）明细分类账的登记方法	1. 三栏式	只进行金额核算的账户，如应收账款、应付账款、应交税费等往来结算账户
		2. 数量金额式	既要进行金额核算又要进行实物数量核算的账户，如原材料、库存商品等
		3. 多栏式	一般适用于成本、费用、收入、利润类科目的明细核算
		4. 平行式	适用于登记材料采购业务、应收票据、其他应收款和一次性备用金等业务
	（三）总分类账与明细分类账的平行登记	1. 平行登记的含义	指特定单位经济业务发生时，会计人员根据有关会计凭证，既要登记有关总分类账，同时又要登记该总分类账所属的各有关明细账的登记方法
		2. 平行登记的要点	内容相同，会计期间相同，借贷方向相同，金额相等
三、备查账的登记方法	备查簿，也称辅助账簿，是为备忘备查而设置的。在会计实务中主要包括各种租借设备、物资的辅助登记或有关应收、应付款项的备查簿，担保、抵押备查簿等。各单位可根据自身管理的需要，设置备查账		

表4　　第四节　对账

一、对账的作用	对账就是核对账目，是指对账簿、账户记录所进行的核对工作，一般是在会计期间（会计中期、会计年度）终了时，检查和核对账证、账账、账实是否相符，以确保账簿记录的正确性
二、对账的内容	1. 账证核对 它是指核对会计账簿记录与原始凭证、记账凭证的时间、凭证字号、内容、金额是否一致，记账方向是否相符 2. 账账核对 它是指核对不同会计账簿之间的账簿记录是否相符。为了保证账账相符，必须将各种账簿之间的有关数据相核对 它包括：（1）总分类账簿有关账户的余额核对。（2）总分类账簿与所属明细分类账簿核对。（3）总分类账簿与序时账簿核对。（4）会计账与业务账之间的核对 3. 账实核对 它是指各项财产物资、债权债务等账面余额与其实有数额之间的核对。包括： （1）库存现金日记账账面余额与库存现金实有数额核对 （2）银行存款日记账账面余额与银行对账单的余额核对 （3）各项财产物资明细账账面余额与财产物资的实有数额核对 （4）有关债权债务明细账账面余额与对方单位的账面记录核对

第五节　结账

表 5

<table>
<tr><td>一、结账的定义</td><td colspan="2">结账是在期末把一定时期内发生的全部经济业务登记入账的基础上，计算并记录本期发生额和期末余额的过程</td></tr>
<tr><td>二、结账的内容</td><td colspan="2">1. 结出各资产、负债和所有者权益账户的本期发生额合计和期末余额
2. 结出各种损益类账户的本期发生额合计和期末余额</td></tr>
<tr><td>三、结账的程序</td><td colspan="2">1. 将本期发生的经济业务事项全部登记入账，并保证其正确性
2. 根据权责发生制的要求，调整有关账项，合理确定本期应计的收入和应计的费用
（1）应计收入和应计费用的调整
（2）收入分摊和成本分摊的调整
3. 将损益类科目转入“本年利润”科目，结平所有损益类科目
4. 结算出资产、负债和所有者权益科目的本期发生额和余额，并结转下期</td></tr>
<tr><td rowspan="2">四、结账的方法</td><td>（一）明细账的结账方法</td><td>明细账的结账按不同情况分三种类型：
（1）对本月无发生额或只有一笔发生额的明细账，在其最后一笔经济业务事项记录之下已有通栏单红线，本月无发生额，不需要再结计余额
适用范围：债权债务往来结算类明细和各财产物资明细账
（2）对本月发生额较多的明细账，每月结账时，要结出本月发生额和余额，在摘要栏内注明“本月合计”字样，并在下面通栏划单红线
适用范围：库存现金、银行存款日记账和收入、费用等明细账
（3）对全年累计数的结计，月末结账时，应在“本月合计”行下结出自年初起至本月末止的累计发生额及余额，登记在月份发生额下面，在摘要栏内注明“本年累计”字样，12 月末的“本年累计”就是全年累计发生额及余额，在其下方通栏划双红线
适用范围：收入、费用类明细账</td></tr>
<tr><td>（二）总账的结账方法</td><td>总账账户平时只需要结出月末余额。年终结账时，将所有总账账户结出全年发生额和年末余额，在摘要栏内注明“本年合计”字样，并在合计数下通栏划双红线</td></tr>
</table>

表 6　　　　第六节　错账更正的方法

<table>
<tr><td rowspan="8">一、查找错账的方法</td><td>（一）顺查法</td><td colspan="2">1. 定义：指沿着“填制凭证——登记账簿”的顺账务处理程序，从头到尾进行普遍检查
2. 优点：查的范围大，不易遗漏
3. 缺点：工作量大，需要的时间比较长</td></tr>
<tr><td>（二）逆查法</td><td colspan="2">1. 定义：指沿着“登记账簿——填制凭证”的逆账务处理程序，从尾到头进行普遍检查
2. 优点：查的范围大，不易遗漏
3. 缺点：工作量大，需要的时间比较长</td></tr>
<tr><td>（三）抽查法</td><td colspan="2">1. 定义：指在初步掌握情况的基础上，有重点地抽取账簿记录中某些部分进行局部检查
2. 优点：缩小查找范围，比较省力省时
3. 缺点：易造成遗漏</td></tr>
<tr><td rowspan="5">（四）偶合法</td><td colspan="2">1. 定义：根据账簿记录错误中最常见的规律，推测错账的类型与错账有关的记录进行查账的方法</td></tr>
<tr><td rowspan="4">2. 种类</td><td>（1）差数法。按照错账的差数查找错账。它适用于登记了会计分录的借方或贷方，漏记了另一方，从而形成试算平衡中借方合计与贷方合计不等</td></tr>
<tr><td>（2）尾数法。查找记账金额的小数部分。它适用于记账金额发生角、分位数的差错</td></tr>
<tr><td>（3）除 2 法。以差数除以 2 来查找错账。它适用于错将借方金额登记到贷方或将贷方金额登记到了借方，必然会出现一方合计增多，而另一方合计数减少的情况</td></tr>
<tr><td>（4）除 9 法。以差数除以 9 来查找错账。它适用于数字错位和相邻数字颠倒的错误</td></tr>
</table>

如果账簿记录发生错误，必须按照规定的方法予以更正。不准涂改、挖补、刮擦，或者用药水消除字迹，不准重新抄，应采用正确的方法予以更正。错账更正方法通常有划线更正法、红字更正法和补充登记法三种。三种方法的适用范围、更正方法归纳如表 7 所示。

表 7

<table>
<tr><td rowspan="3">方法</td><td colspan="3">适用错误类型</td><td rowspan="3">具体更正方法</td></tr>
<tr><td colspan="2">记账凭证</td><td rowspan="2">账簿</td></tr>
<tr><td>记账科目</td><td>记账金额</td></tr>
<tr><td>划线更正法</td><td>正确</td><td>正确</td><td>错误</td><td>①错误处划单红线
②在上方书写正确金额或文字并签名或盖章</td></tr>
</table>

表7(续)

<table>
<tr><th colspan="2" rowspan="3">方法</th><th colspan="3">适用错误类型</th><th rowspan="3">具体更正方法</th></tr>
<tr><th colspan="2">记账凭证</th><th rowspan="2">账簿</th></tr>
<tr><th>记账科目</th><th>记账金额</th></tr>
<tr><td rowspan="2">红字更正法</td><td>全部红字更正</td><td>错误</td><td>正确</td><td>错误</td><td>①注销原凭证（科目、方向相同），金额用红字，并据以入账
②另做一张正确凭证，并据以入账</td></tr>
<tr><td>部分红字更正</td><td>正确</td><td>错误金额大于正确金额（多记金额）</td><td>错误</td><td>编制一张与原凭证科目、方向相同的凭证，金额为多记金额（用红字表示），并据以入账</td></tr>
<tr><td colspan="2">补充登记法</td><td>正确</td><td>错误金额小于正确金额（少记金额）</td><td>错误</td><td>编制一张与原凭证科目、方向相同的凭证，金额为少记金额，并据以入账</td></tr>
</table>

练习题

一、单项选择题

1. 启用账簿时，不能在扉页上书写的是（　　）。

A. 单位名称　　B. 账簿名称

C. 账户名称　　D. 启用日期

2. 下列适合采用多栏式明细账格式核算的是（　　）。

A. 原材料　　B. 制造费用

C. 应付账款　　D. 库存商品

3. 更正错账时，属于划线更正法适用范围的是（　　）。

A. 记账凭证正确，在记账时发生错误，导致账簿记录错误

B. 记账凭证上会计科目或记账方向错误，导致账簿记录错误

C. 记账凭证上会计科目或记账方向正确，所记金额大于应记金额，导致账簿记录错误

D. 记账凭证上会计科目或记账方向正确，所记金额小于应记金额，导致账簿记录错误

4. 登记账簿时，下列做法错误的是（　　）。

A. 使用圆珠笔书写

B. 用红字冲销错误记录

C. 文字和数字的书写紧靠底线，占格距的1/2

D. 各种账簿按页次顺序连续登记，不得跳行、隔页

5. 下列关于账簿的表述，错误的是（　　）。

A. 库存现金日记账一般采用三栏式账簿

B. 制造费用明细账一般采用多栏式账簿

C. 财务费用明细账一般采用三栏式账簿

D. 库存商品明细账一般采用数量金额式账簿

6. 对账时，账账核对不包括的是（　　）。

A. 总账与日记账的核对　　B. 总账各账户的余额核对

C. 总账与备查账之间的核对　　D. 总账与所属明细账之间的核对

7. 经营性租入固定资产登记簿是（　　）。

A. 序时账　　B. 备查簿

C. 总分类账　　D. 明细分类账

8. "生产成本"明细分类账的格式一般采用的是（　　）。

A. 三栏式　　B. 多栏式

C. 平行式　　D. 数量金额式

9. 登记账簿的依据是（　　）。

A. 经济合同　　B. 会计要素

C. 会计凭证　　D. 会计分录

10. 下列账户适合采用数量金额式明细账的是（　　）。

A. "应收账款"账户　　B. "库存商品"账户

C. "制造费用"账户　　D. "固定资产"账户

11. 发现记账凭证所用账户正确，但所填金额大于应记金额，并已过账，应采用的错账更正方法是（　　）。

A. 红字更正法　　B. 补充登记法

C. 划线更正法　　D. 平行登记法

12. 下列关于日记账的登记方法，正确的是（　　）。

A. 按照经济业务发生的时间先后顺序逐日逐笔登记

B. 按照经济业务发生的时间先后顺序逐日汇总登记

C. 按照经济业务发生的时间先后顺序逐笔定期登记

D. 按照经济业务发生的时间先后顺序定期汇总登记

13. 记账以后，如发现记账错误是由于记账凭证所列会计科目有误引起的，更正错账应采用的是（　　）。

A. 划线更正法　　B. 红字更正法

C. 补充更正法　　D. 转账更正法

14. 目前实际工作中使用的库存现金日记账、银行存款日记账的是（　　）。

A. 分录簿　　B. 普通日记账

C. 专栏日记账　　D. 特种日记账

15. 专门序时记载某一类经济业务的账簿是（　　）。

A. 分录簿　　B. 转账日记账

C. 特种日记账　　D. 普通日记账

16. 下列账户适合采用多栏式明细账的是（　　）。

A. 资产类账户　　B. 负债类账户

C. 收入费用类账户　　D. 所有者权益类账户

17. 应收账款明细账的账页格式一般采用的是（　　）。

A. 三栏式　　B. 多栏式

C. 数量金额式　　D. 任意一种明细账格式

18. 记账以后，如果发现记账凭证上应借、应贷的会计科目并无错误，只是金额有错误，且所错记的金额小于应记的正确金额，更正错账应采用的方法是（　　）。

A. 划线更正法　　B. 红字更正法

C. 补充登记法　　D. 横线登记法

19. 若记账凭证无误，但据以登记的账簿记录有误，应采用的错账更正方法是（　　）。

A. 划线更正法　　B. 红字更正法

C. 补充登记法　　D. 编制相反分录冲减

20. 下列不符合账簿管理要求的是（　　）。

A. 账簿不能随意交与其他人员管理

B. 各种账簿应分工明确，指定专人管理

C. 会计账簿只允许在财务室内随意翻阅查看

D. 会计账簿除需要与外单位核对外，一般不能携带外出

21. 在登记账簿时，如果经济业务发生日期为 20×8 年 11 月 12 日，编制记账凭证日期为 11 月 16 日，登记账簿日期为 11 月 17 日，则账簿中的“日期”栏登记的时间为（　　）。

A. 11 月 12 日　　B. 11 月 16 日

C. 11 月 17 日　　D. 11 月 16 日或 11 月 17 日均可

二、多项选择题

1. 下列属于按用途不同进行分类的账簿有（　　）。

A. 序时账簿　　B. 分类账簿

C. 备查账簿　　D. 数量金额式账簿

2. 下列适合采用备查簿进行记录的有（　　）。

A. 应收票据　　B. 应付票据

C. 购入的固定资产　　D. 经营租入的固定资产

3. 下列属于序时账的有（　　）。

A. 库存现金日记账　　B. 银行存款日记账

C. 应收账款明细账　　D. 主营业务收入明细账

4. 下列适合采用多栏式账簿的有（　　）。

A. 原材料　　B. 库存商品

C. 管理费用明细账　　D. 主营业务收入明细账

5. 下列可以用三栏式账簿登记的有（　　）。

A. 总账　　B. 应收账款

C. 实收资本　　D. 现金日记账

6. 下列账簿适合采用订本账的有（　　）。

A. 总分类账 B. 库存现金日记账

C. 银行存款日记账 D. 固定资产明细账

7. 必须逐日结出余额的账簿有（　　）。

A. 库存现金总账 B. 银行存款总账

C. 库存现金日记账 D. 银行存款日记账

8. 在会计账簿扉页上填列的内容有（　　）。

A. 账簿名称 B. 单位名称

C. 账户名称 D. 起止页次

9. 下列情况可以用红色墨水记账的有（　　）。

A. 按照红字冲账的记账凭证，冲销错误记录

B. 在不设借贷等栏的多栏式账页中，登记减少数

C. 在三栏式账户的余额栏前，印明余额方向的，在余额栏内登记负数余额

D. 在三栏式账户的余额栏前，未印明余额方向的，在余额栏内登记负数余额

10. 下列说法正确的有（　　）。

A. 库存现金日记账必须逐日结出余额

B. 银行存款日记账必须逐日结出余额

C. 没有余额的账户，应当在“借或贷”栏内写“-”

D. 凡需要结出余额的账户，结出余额后，应当在“借或贷”栏内注明“借”或“贷”字

11. 下列说法不正确的有（　　）。

A. 总分类账最常用的格式为多栏式

B. 三栏式明细账中只包括三个栏目

C. 总分类账的登记方法取决于所采用的账务处理程序

D. 明细分类账的格式有三种：三栏式、多栏式和数量金额式

12. 下列可以作为库存现金日记账借方登记依据的有（　　）。

A. 库存现金收款凭证 B. 库存现金付款凭证

C. 银行存款收款凭证 D. 银行存款付款凭证

13. 下列可以作为总分类账登记依据的有（　　）。

A. 明细账 B. 记账凭证

C. 科目汇总表 D. 汇总记账凭证

14. 出纳人员可以登记和保管的账簿有（　　）。

A. 库存现金总账 B. 银行存款总账

C. 库存现金日记账 D. 银行存款日记账

15. 下列关于结账的表述中，正确的有（　　）。

A. 结出当月发生额的，在“本月合计”下面通栏划单红线

B. 12 月末，结出全年累计发生额的，在下面通栏划双红线

C. 12 月末，结出全年累计发生额的，在下面通栏划单红线

D. 结出本年累计发生额的，在“本年累计”下面通栏划单红线

16. 下列适合采用三栏式明细分类账核算的有（　　）。

A. 原材料　　B. 实收资本

C. 生产成本　　D. 交易性金融资产

17. 下列属于账证核对项目的有（　　）。

A. 时间　　B. 金额

C. 内容　　D. 凭证字号

18. 下列属于对账内容的有（　　）。

A. 日记账与总分类账之间的核对

B. 账簿记录与原始凭证之间的核对

C. 总分类账簿与其所属明细分类账簿之间的核对

D. 财产物资明细账账面余额与财产物资实存数额的核对

19. 下列属于账实核对的有（　　）

A. 银行存款日记账账面余额与银行对账单的核对

B. 应收、应付款明细账账面余额与债务、债权单位核对

C. 财产物资明细账账面余额与财产物资实存数额的核对

D. 库存现金日记账账面余额与库存现金实际库存数的核对

20. 下列原因导致的错账应该采用红字更正法更正的有（　　）。

A. 在当年内发现记账凭证的会计科目错误

B. 记账凭证没有错误，登记账簿时发生错误

C. 记账后发现记账凭证的应借、应贷的会计科目没有错误，所记金额大于应记金额

D. 记账后发现记账凭证的应借、应贷的会计科目没有错误，所记金额小于应记金额

21. 下列关于划线更正法的表述中，正确的有（　　）。

A. 对于文字错误，应当全部划红线更正

B. 对于文字错误，可只划去错误的部分

C. 对于错误的数字，应当全部划红线更正

D. 对于错误的数字，可以只更正其中的错误数字

22. 下列属于错账更正方法的有（　　）。

A. 补充登记法　　B. 划线更正法

C. 部分红字更正法　　D. 全部红字更正法

三、判断题

1. 登记账簿时发生的空行、空页一定要补充书写，不得注销。（　　）

2. 任何单位都必须设置总分类账。（　　）

3. 对账工作就是只需要将会计账簿与原始凭证、记账凭证进行核对。（　　）

4. 企业的分类账簿必须采用订本账。（　　）

5. 结账时没有余额的账户，应当在“借或贷”栏内用“平”表示。（　　）

6. 为了便于管理，“应收账款”“应付账款”的明细账必须采用多栏式明细分类账格式。（　　）

7. 为了保证库存现金日记账的安全和完整，库存现金日记账无论采用三栏式还是多栏式，外表形式都必须使用订本账。（ ）

8. 登记账簿要用蓝黑墨水或者碳素墨水书写，不得使用圆珠笔（银行的复写账簿除外）或者铅笔书写。（ ）

9. 账簿按其用途不同，可分为订本式账簿、活页式账簿和卡片式账簿。（ ）

10. 会计账簿是连接会计凭证与会计报表的中间环节，在会计核算中具有承前启后的作用，是编制会计报表的基础。（ ）

11. 我国每个会计主体都采用普通日记账登记每日库存现金和银行存款的收付。（ ）

12. 多栏式明细账一般适用于资产类账户进行明细核算。（ ）

13. 由于记账凭证错误而造成的账簿记录错误，应采用划线更正法进行更正。（ ）

14. 采用划线更正法时，只要将账页中个别错误数字划上红线，再填上正确数字即可。（ ）

15. 记账凭证中会计账户、记账方向正确，但所记金额大于应记金额而导致账簿登记金额增加的情况，可采用补充登记法进行更正。（ ）

16. 三栏式账簿是指具有日期、摘要、金额三个栏目格式的账簿。（ ）

17. 明细账一般使用活页式账簿，以便根据实际需要随时增减空白账页。（ ）

18. 启用订本式账簿，应当从第一页到最后一页的顺序编定页数，不得跳页、缺号。（ ）

19. 各账户在一张账页记满时，必须在该账页最后一行结出余额，并在“摘要”栏注明“转次页”字样。（ ）

20. 补充登记法就是把原来未登记完的业务登记完毕的方法。（ ）

21. 账簿中书写的文字和数字上面要留有适当空距，一般应紧靠底线占格距的二分之一，以便发现错误时进行修改。（ ）

四、业务题

（一）20×8 年 3 月，邕桂公司有关资料如下：

月初“库存现金”账户借方余额为 300 元，3 月份发生库存现金收、付业务如下：

（1）2 日，以库存现金购入文印用纸 250 元，行政管理办公室已领用。

（2）2 日，出纳员从银行提取库存现金 800 元备用。

（3）2 日，以库存现金 300 元购入文件夹，行政管理办公室已领用。

（4）10 日，以库存现金支付市内零星材料采购运杂费 60 元。

（5）15 日，从银行存款提取库存现金 28 000 元，备发职工工资。

（6）19 日，库存现金支付采购机构采购经费 150 元。

（7）30 日，李明报销差旅费 80 元，以库存现金支付。

除上述资料外，不考虑其他因素，要求：

（1）编制上述业务会计分录。

（2）根据收付款凭证登记下方三栏式库存现金日记账，结出本期发生额及余额。

表 8　　　　　　　　　　　　　　**库存现金日记账**　　　　　　　　　　　　单位：元

2×15 年		凭证		摘要	对方科目	收入	付出	余额
月	日	种类	号数					
3	1			月初余额				300
				本月合计				

（二）20×8 年，邕桂公司有关资料如下：

（1）1 月 2 日，以银行存款购买 A 材料 3 000 元，材料已验收入库。在填制记账凭证时，误作贷记“库存现金”科目，并已据以登记入账。会计分录如下：

借：原材料　　　　3 000

　贷：库存现金　　　　3 000

（2）1 月 20 日，从银行提取现金 30 000 元，备发工资。误作下列记账凭证，并已登记入账。

借：库存现金　　　　50 000

　贷：银行存款　　　　50 000

（3）2 月 1 日接受外单位投入资金 180 000 元，已存入银行。在填制记账凭证时，误将其金额写为 150 000 元，并已登记入账。

借：银行存款　　　　150 000

　贷：实收资本　　　　150 000

（4）6 月 10 日，生产 A 产品领用材料一批，计 15 000 元，并已登记入账。编制的记账凭证为：

借：生产成本　　　　1 500

　贷：原材料　　　　1 500

（5）6 月 30 日，分配结转本月发生的制造费用 6 800 元，并已登记入账。编制的记账凭证为：

借：生产成本　　　　8 600

　贷：制造费用　　　　8 600

（6）6 月 30 日，预提应由本月负担的银行借款利息 500 元，并已登记入账。编制的记账凭证为：

借：管理费用　　　　500

　贷：应付利息　　　　500

（7）8 月 31 日，结转本月完工产品生产成本 65 000 元，并已登记入账。编制的记账凭证为：

借：库存商品　　65 000

　贷：生产成本　　65 000

但在登记总账时，误记为 56 000 元。

要求：假设不考虑其他因素，请采用适当的方法更正上述各种经济业务的错误记录。

参考答案

一、单项选择题

1. C	2. B	3. A	4. A	5. C	6. C
7. B	8. B	9. C	10. B	11. A	12. A
13. B	14. D	15. C	16. C	17. A	18. C
19. A	20. C	21. B			

二、多项选择题

1. ABC	2. ABD	3. AB	4. CD	5. ABCD	6. ABC
7. CD	8. ABD	9. ABD	10. ABD	11. ABD	12. AD
13. BCD	14. CD	15. ABD	16. BD	17. ABCD	18. ABCD
19. ABCD	20. AC	21. BC	22. ABCD		

三、判断题

1. ×	2. √	3. ×	4. ×	5. √	6. ×
7. √	8. √	9. ×	10. √	11. ×	12. ×
13. ×	14. ×	15. ×	16. ×	17. √	18. √
19. ×	20. ×	21. √			

四、业务题

（一）1. 会计分录如下：

（1）借：管理费用——办公费　　250

　　　贷：库存现金　　250

（2）借：库存现金　　800

　　　贷：银行存款　　800

（3）借：管理费用——办公费　　300

　　　贷：库存现金　　300

（4）借：管理费用——办公费　　60

　　　贷：库存现金　　60

（5）借：库存现金　　28 000
　　贷：银行存款　　28 000
（6）借：管理费用——采购经费　　150
　　贷：库存现金　　150
（7）借：管理费用——差旅费　　80
　　贷：库存现金　　80

2. 登记库存现金日记账：

表 9　　**库存现金日记账**　　单位：元

20×8 年		凭证		摘要	对方科目	收入	付出	余额
月	日	种类	号数					
3	1			月初余额				300
	2	现付	1	支付办公费	管理费用		250	50
	2	银付	1	从银行提取现金	银行存款	800		850
	2	现付	2	支付办公费	管理费用		300	550
	10	现付	3	支付采购运杂费	管理费用		60	490
	15	银付	2	提现备发工资	银行存款	28 000		28 490
	19	现付	4	支付采购经费	管理费用		150	28 340
	30	现付	5	支付差旅费	管理费用		80	28 260
	31			本月合计		28 800	840	28 260

（二）（1）用“红字更正法”更正。

用红字填制一张与原错误记账凭证内容完全相同的记账凭证，以冲销原错误记录，并据以入账。

借：原材料　　［3 000］
　贷：库存现金　　［3 000］

然后，用蓝字填制一张正确的记账凭证，并据以入账。

借：原材料　　3 000
　贷：银行存款　　3 000

（2）用“红字更正法”更正。应将多记的金额编制红字记账凭证，并据以入账：

借：库存现金　　［20 000］
　贷：银行存款　　［20 000］

（3）用“补充登记法”更正。应将少记的金额用蓝字编制一张与原记账凭证应借、应贷科目完全相同的记账凭证，登记入账：

借：银行存款　　30 000
　贷：实收资本　　30 000

（4）用“补充登记法”更正。应将少记的金额编制蓝字记账凭证，并据以入账：

借：生产成本　　13 500

　贷：原材料　　13 500

（5）用“红字更正法”更正。应将多记的金额编制红字记账凭证，并据以入账：

借：生产成本　　1 800

　贷：制造费用　　1 800

（6）用“红字更正法”更正。先编制红字记账凭证予以冲销错误的记账凭证，并据以入账：

借：管理费用　　500

　贷：应付利息　　500

再编制正确的蓝字记账凭证，并据以入账：

借：财务费用　　500

　贷：应付利息　　500

（7）用“划线更正法”更正，将“库存商品”账户和“生产成本”账户的错误记录用单红线划去，再在错误金额上方登记正确的金额。

第六章 成本计算

要点总览

- 成本计算原则与基本要求
  - 成本计算原则：直接受益直接分配、共同受益间接分配、重要性原则
  - 成本计算基本要求
    - 正确划分资本性支出与收益性支出的界限
    - 正确划分存货成本与期间费用的界限
    - 正确划分各会计期间的成本界限
    - 正确划分完工产品与在产品的成本界限
- 成本计算的基本程序
  - 确定成本计算对象，确定成本计算期
  - 确定成本项目，归集分配各类费用，计算完工产品成本
- 成本计算的一般方法
  - 材料采购成本的计算
  - 产品生产成本的计算
  - 产品销售成本的计算

重点难点

重点
- 成本计算的基本原理
- 成本计算的一般程序
- 成本计算的一般方法

难点：成本计算的一般方法

知识点梳理

表1　　第一节　成本计算概述

<table>
<tr><td rowspan="3">一、成本计算的基本原则</td><td colspan="2">（一）直接受益直接分配原则</td></tr>
<tr><td colspan="2">（二）共同受益间接分配原则</td></tr>
<tr><td colspan="2">（三）重要性原则</td></tr>
<tr><td rowspan="4">二、成本计算的基本要求</td><td colspan="2">（一）严格执行企业会计准则中成本开支范围的规定</td></tr>
<tr><td>（二）正确划分各种成本耗费的界限</td><td>1. 正确划分资本性支出与收益性支出的界限
2. 正确划分存货成本与期间费用的界限
3. 正确划分各会计期间的成本界限
4. 正确划分各种不同产品之间的成本界限
5. 正确划分完工产品与在产品的成本界限</td></tr>
<tr><td>（三）做好成本核算的各项基础工作</td><td>1. 完善定额管理，为编制成本计划、控制、考核成本耗费提供依据
2. 建立健全材料物资的计量、收发、领退、盘点制度
3. 完善各项原始记录
4. 制定企业内部结算价格，分析、考核企业内部各单位成本计划的执行情况
5. 及时修订、完善各项成本管理制度</td></tr>
<tr><td colspan="2">（四）选择适当的成本计算方法</td></tr>
<tr><td rowspan="4">三、成本计算的基本程序</td><td colspan="2">（一）确定成本计算对象</td></tr>
<tr><td colspan="2">（二）确定成本计算期</td></tr>
<tr><td colspan="2">（三）确定成本项目</td></tr>
<tr><td colspan="2">（四）正确归集和分配各种费用，计算完工产品成本</td></tr>
</table>

表 2

第二节　企业生产经营过程中的成本计算

一、材料采购成本计算	（一）材料采购成本的构成	
	（二）材料采购成本的计算方法	
二、产品生产成本的计算	（一）产品生产成本的构成	1. 直接材料，是指企业在生产产品和提供劳务过程中所消耗的，直接用于产品生产，并构成产品实体的原料、主要材料、外购半成品、包装物以及有助于产品形成的辅助材料等 2. 直接人工，是指企业在生产产品和提供劳务的过程中，直接参加产品生产的生产工人工资以及其他各种形式的职工薪酬 3. 制造费用，是指企业为生产产品、提供劳务而发生的，不能直接归入直接材料和直接人工的各项间接费用，包括虽直接用于产品生产，但不便于直接计入产品成本，没有专设成本项目的费用（如生产设备的折旧费、生产产品耗用的水电费等）；以及各生产车间为组织、管理生产而发生的属管理性质的费用（如车间管理人员的工资费用、水电费用、办公费、劳动保护费等）
	（二）产品生产成本的计算方法	1. 产品成本计算的一般程序 （1）对生产费用进行审核，确定所开支的费用能否计入产品成本，并在此基础上，将生产费用区分产品成本和期间费用 （2）将应当计入产品成本的各项成本费用，区分为应当计入本月产品的成本和应当由以后月份产品负担的成本 （3）将应该计入本月产品成本的各种费用，在各种产品之间按成本项目进行归集和分配，计算出各种产品的成本 （4）对于既有完工产品又有在产品的产品，应采用一定的方法将所归集的生产费用总和，在完工产品和在产品之间进行合理分配，计算出该种完工产品的成本 2. 产品生产成本的计算方法 成本计算，通常是以生产部门所生产的各种产品作为成本计算对象，并按各对象的成本项目分别归集、分配各项生产费用
三、产品销售成本的计算	（一）产品销售成本的计算要求	企业在计算产品销售成本时，应坚持配比原则，将本期实现的销售收入与本期发生的费用相配比，不得提前或延迟结转产品销售成本，不得多转或少转产品销售成本。另外，企业应结合本企业的生产经营特点和管理要求，选择正确的成本计算方法，并保持相对的稳定性，不得随意更改计算方法，人为地调整企业利润
	（二）产品销售成本的计算方法	1. 先进先出法，是以先取得的存货先发出为假设前提，按照货物取得的先后顺序，确定发出存货和期末存货成本的方法 2. 一次加权平均法，又称全月一次加权平均法或月末加权平均法，是指以月初结存存货和本月收入存货的数量为权数，于月末一次计算存货的加权平均单价，并据以计算发出存货成本的一种方法 3. 移动平均法又称移动加权平均法，是指在每次购进存货后，都要根据库存存货的数量和成本，重新计算新的存货平均单价，并作为发出存货的计价标准，计算发出存货成本的方法 4. 个别计价法也称个别认定法，是指每次发出存货的实际成本均按该存货入库时的实际成本分别计价的方法。这种方法是将存货的实物流转与成本流转统一起来，按其购入时所确定的单位成本计算发出和结存存货的实际成本

练习题

一、单项选择题

1. 下列不属于工业企业材料采购成本的是（　　）。

A. 买价　　B. 运杂费

C. 增值税　　D. 进口关税

2. 下列不属于产品生产成本内容的是（　　）。

A. 直接材料　　B. 销售费用

C. 直接人工　　D. 制造费用

3. 下列支出中，不属于收益性支出的是（　　）。

A. 工资支出　　B. 广告费支出

C. 办公费支出　　D. 购建固定资产支出

4. 生产车间管理人员的工资费用，应记入的账户是（　　）。

A. 生产成本　　B. 管理费用

C. 销售费用　　D. 制造费用

二、多项选择题

1. 下列属于制造业产品成本项目的有（　　）。

A. 折旧费　　B. 直接人工

C. 制造费用　　D. 直接材料

2. 影响材料采购成本计算结果正确性的有（　　）。

A. 费用　　B. 净损益

C. 资产结存价值　　D. 资产发出价值

3. 下列项目中，属于期间费用的有（　　）。

A. 管理费用　　B. 制造费用

C. 销售费用　　D. 财务费用

4. 在物价持续上涨或下跌时期，对利润影响较小的存货计价方法有（　　）。

A. 加权平均法　　B. 先进先出法

C. 移动平均法　　D. 个别计价法

三、计算题

资料：邕桂公司20×8年5月初，甲材料库存余额为4 000千克，单位成本为200元。5月份发生如下材料购入与发出业务：

（1）5月2日，购进12 000千克，单位成本为240元。

（2）5月6日，生产领用11 000千克。

（3）5月12日，购进4 000千克，单价为220元。

（4）5月18日，生产领用7 000千克。

要求：除上述资料外，不考虑其他因素，请分别采用先进先出法、加权平均法计算本月发出材料的成本。

参考答案

一、单项选择题

1. C　　2. B　　3. D　　4. D

二、多选题

1. BCD　　2. CD　　3. ACD　　4. AC

三、计算题

先进先出法：

发出存货成本=4 000×200+7 000×240+5 000×240+2 000×220=4 120 000（元）

加权平均法：

加权平均单价=（4 000×200+12 000×240+4 000×220）÷（4 000+12 000+4 000）= 228（元）

发出存货成本=228×18 000=4 104 000（元）

第七章 财产清查

要点总览

- 财产清查概述
  - 财产清查的概念、财产清查的原因及作用
  - 财产清查的种类
    - 按对象和范围划分：全面清查、局部清查
    - 按清查时间划分：定期清查、不定期清查
    - 按执行单位划分：内部清查、外部清查
    - 按清查内容划分：货币资金清查、实物资产清查、往来款项清查
  - 财产清查前准备工作
    - 组织准备
    - 业务准备
- 财产清查的方法
  - 财产物资盘存制度
    - 永续盘存制度
    - 实地盘存制度
  - 财产清查具体方法
    - 库存现金的清查方法
    - 银行存款的清查方法
    - 实物财产的清查方法
    - 往来款项的清查方法
- 财产清查结果的账务处理
  - 财产清查结果处理程序
  - 财产清查结果处理的账户设置：“待处理财产损溢”
  - 财产清查结果的处理
    - 审批前
    - 审批后

重点难点

- 重点
  - 财产清查的作用和种类
  - 财产清查的方法
  - 未达账项及银行余额调节表的编制
  - 财产清查结果的账务处理
- 难点
  - 银行存款余额调节表的编制
  - 财产清查结果的账务处理

知识点梳理

表 1　　　　　　　　第一节　财产清查概述

<table>
<tr><td rowspan="2">一、财产清查的概念及作用</td><td>（一）财产清查的概念</td><td colspan="2">财产清查是指通过对企业各项财产物资进行实地盘点与核对，查明其实有数额，并确定实存数与账面数是否相符的一种专门的会计核算方法</td></tr>
<tr><td>（二）财产清查的作用</td><td colspan="2">1. 确保会计核算资料的真实性和可靠性
2. 建立健全财产物资管理制度，保证财产物资安全完整
3. 提高财产物资使用效能，加速资金周转
4. 保证财经纪律和责任制度贯彻执行</td></tr>
<tr><td rowspan="2">二、财产清查前的准备工作</td><td>（一）组织准备</td><td colspan="2">企业应在进行财产清查时成立专门的财产清查领导小组，负责财产清查的具体实施工作</td></tr>
<tr><td>（二）业务准备</td><td colspan="2">1. 会计部门人员应在财产清查前将有关账簿登记齐全，结出余额，并认真核对，为财产清查提供可靠依据
2. 财产物资保管部门应在财产清查前将待清查的财产物资整理好，排列整齐，以便盘点时查对
3. 业务部门和其他有关部门准备好必要的计量器和有关清查登记用的记录表单，在业务上做好相关准备</td></tr>
<tr><td rowspan="17">三、财产清查的种类与内容</td><td rowspan="6">（一）按财产清查的对象和范围进行分类</td><td rowspan="3">1. 全面清查</td><td>（1）概念：对一个企业的所有财产物资、货币资金、债权债务进行的全面盘点和核对</td></tr>
<tr><td>（2）特点：清查范围广、清查内容多，须投入较多人力、物力，耗时较长、工作量大</td></tr>
<tr><td>（3）适用范围：
a. 年终决算之前
b. 单位撤销、分立或改变隶属关系时
c. 单位主要负责人调离工作岗位时
d. 开展资产评估、清产核资时
e. 企业发生重大体制变更或改制前</td></tr>
<tr><td rowspan="3">2. 局部清查</td><td>（1）概念：根据有关规定或管理需要，只对企业的部分财产物资、货币资金、债权债务进行盘点和核对</td></tr>
<tr><td>（2）特点：清查范围小，针对性强，耗时短</td></tr>
<tr><td>（1）适用范围：
a. 对于库存现金，每日业务终了应由出纳人员进行清点核对
b. 对于银行存款，应由出纳员人员至少每月与银行核对一次
c. 对于各种存货，应有计划、有重点地抽查，尤其对贵重物品，每月应清查盘点一次
d. 对各种债权债务，每年至少与对方核对一次</td></tr>
<tr><td rowspan="4">（二）按财产清查的时间进行分类</td><td rowspan="2">1. 定期清查</td><td>（1）概念：指根据事先计划或管理制度规定好的时间对财产物资进行的清查</td></tr>
<tr><td>（2）适用范围：通常定期清查都在年末、季末或月末结账前进行</td></tr>
<tr><td rowspan="2">2. 不定期清查</td><td>（1）概念：又称临时清查，是指事先不规定清查时间，而是根据实际情况的要求随时组织进行的临时性检查</td></tr>
<tr><td>（2）适用范围：
a. 企业在更换财产物资保管人员、现金保管人员（出纳）时
b. 财产物资由于自然灾害或不可抗力发生意外损失时
c. 上级机关、审计部门、财税部门要求对企业进行临时性检查时
d. 企业发生撤销、合并、重组、清算等改变隶属关系业务时</td></tr>
<tr><td rowspan="2">（三）按财产清查的执行单位进行分类</td><td>1. 内部清查</td><td>是指全部由本企业内部职工组成清查小组来完成财产清查工作，这种自行组织的清查也称为“自查”</td></tr>
<tr><td>2. 外部清查</td><td>指由企业以外的有关部门或有关人员根据国家有关规定对企业实体进行财产清查</td></tr>
<tr><td rowspan="3">（四）按财产清查的内容进行分类</td><td>1. 货币资金清查</td><td>主要是对企业库存现金、银行存款、股票、债券、基金等的清查</td></tr>
<tr><td>2. 实物资产清查</td><td>主要是指对企业各种具有实物形态的资产进行清查，包括：固定资产、原材料、库存商品等</td></tr>
<tr><td>3. 往来款项清查</td><td>主要是指对企业的债权债务，如对应收账款、其他应收款、应付账款、其他应付款等进行查询核对</td></tr>
</table>

表 2　　第二节　财产清查的方法（1）财产物资的盘存制度

（一）永续盘存制（账面盘存制）	特点	1. 账面平时记录收入、发出、结余数 2. 定期或不定期进行实地盘点，以保证账实相符
	公式	账面期末余额=账面期初余额+本期增加额-本期减少额
	优缺点	可加强对财产物资的管理，随时掌握每种财产物资的收入、发出及结存情况，但核算工作量较大
（二）实地盘存制（以存计耗制）	特点	1. 账面登记存货增加数，不计发出、结余数 2. 期末进行实地盘点确定结存数 3. 倒挤推算本期发出存货成本
	公式	本期减少数=账面期初余额+本期增加数-期末实地盘存数
	优缺点	核算工作简单，但财产物资的收发手续不严密

表 3　　第二节　财产清查的方法（2）财产清查的具体方法

（一）货币资金的清查	1. 库存现金的清查	（1）概念：通过清点库存现金票数来确定现金实存数，然后与库存现金日记账的账面余额进行核对，以查明账实是否相符 （2）清查方法：实地盘点法 （3）清查手续：填制“库存现金盘点报告表”
	2. 银行存款的清查	（1）概念：主要是指将本单位的银行存款日记账与开户银行提供的“对账单”相核对，以防止记账差错，掌握银行存款实存数 （2）清查方法：企业银行存款日记账与银行存款对账单逐笔核对 （3）未达账项：企业已收，银行未收；企业已付，银行未付；银行已收，企业未收；银行已付，企业未付 （4）清查手续：调整未达账项，编制银行存款余额调节表
（二）实物财产的清查方法	（1）概念：是指对各种具有实物形态的各种财产，如原材料、在产品、库存商品、包装物、低值易耗品、固定资产等在数量和质量上进行的清查 （2）清查方法：实地盘点法、技术推算法 （3）清查手续：进行财产清查时，有关实物财产的保管人员必须在场。对于各项实物财产的盘点结果，如实编制“实物盘存表”“实存账存对比表”	
（三）往来款项的清查	（1）概念：是指对各种应收账款、应付账款、其他应收款、其他应付款的清查 （2）清查方法：询证核对法 （3）清查手续：企业根据收回的“往来款项对账单”回单，填制“往来款项清查表”	

表 4　　第三节　财产清查结果的处理（1）

<table>
<tr><td>一、财产清查结果的处理程序</td><td colspan="3">（一）核准金额和数量，认真查明差异原因
（二）调整账簿记录，保证账实相符
（三）报请批准后进行账务处理</td></tr>
<tr><td rowspan="5">二、财产清查结果的账务处理</td><td rowspan="4">（一）账户设置</td><td colspan="2">借方　　待处理财产损溢　　贷方</td></tr>
<tr><td>（1）清查时发现的盘亏数
（2）批准转销的待处理财产盘盈数</td><td>（1）清查时发现的盘盈数
（2）批准转销的待处理财产盘亏或毁损数</td></tr>
<tr><td>处理前余额：尚待批准处理的净损失</td><td>处理前余额：尚待批准处理的净溢余</td></tr>
<tr><td>期末处理后无余额</td><td>期末处理后无余额</td></tr>
<tr><td>（二）财产清查结果的会计处理</td><td colspan="2">1. 库存现金清查结果的会计处理
2. 存货清查结果的会计处理
3. 固定资产清查结果的会计处理
4. 往来款项清查结果的会计处理</td></tr>
</table>

表 5　　第三节　财产清查结果的处理（2）库存现金清查结果的会计处理

项目	查明原因前（审批前）	查明原因后（审批后）
长款（溢余）	借：库存现金 　贷：待处理财产损溢——待处理流动资产损溢	借：待处理财产损溢——待处理流动资产损溢 　贷：营业外收入（无法查明原因）
短款（盘亏）	借：待处理财产损溢——待处理流动资产损溢 　贷：库存现金	借：其他应收款（索赔） 　　管理费用（无法查明原因） 　贷：待处理财产损溢——待处理流动资产损溢

表 6　　第三节　财产清查结果的处理（3）存货清查结果的会计处理

项目	查明原因前（审批前）	查明原因后（审批后）
盘盈	借：原材料 　贷：待处理财产损溢——待处理流动资产损溢	借：待处理财产损溢——待处理流动资产损溢 　贷：管理费用（无法查明原因）
盘亏	借：待处理财产损溢——待处理流动资产损溢 　贷：原材料	借：其他应收款（索赔） 　　营业外支出（非常损失） 　　管理费用（合理损耗、短缺） 　贷：待处理财产损溢——待处理流动资产损溢

表 7　　第三节　财产清查结果的处理（4）固定资产清查结果的会计处理

项目	查明原因前（审批前）	查明原因后（审批后）
盘盈	通过“以前年度损益调整”账户进行核算，后续有关课程介绍	
盘亏	借：待处理财产损溢——待处理固定资产损溢 　　累计折旧（已提折旧） 　贷：固定资产（账面原值）	借：营业外支出 　贷：待处理财产损溢——待处理固定资产损溢

表 8　　第三节　财产清查结果的处理（5）往来款项清查结果的会计处理

（1）无法收回的应收账款	经有关部门批准后，应冲减已提取的“坏账准备”科目 借：坏账准备 　贷：应收账款
（2）无法偿付的应付账款	经批准后予以转销，直接记入“营业外收入” 借：应付账款 　贷：营业外收入

练习题

一、单项选择题

1. 企业对各项财产物资进行实地盘点与核对，其主要目的是（　　）。

A. 查明账实相符　　B. 查明账证相符
C. 查明账账相符　　D. 查明账表相符

2. 通过设置存货明细账，并根据会计凭证对各项存货的增加数和减少数进行连续记录，从而可随时结算出各类存货的账面结存数额的一种核算方法，称为（　　）。

A. 实地盘存制　　B. 收付实现制
C. 永续盘存制　　D. 权责发生制

3. 单位撤销、合并或改变隶属关系时，为了明确经济责任，需要进行的是（　　）。

A. 全面清查　　B. 局部清查
C. 定期清查　　D. 实地清查

4. 单位在年末、季末或月末结账时，都需要进行的是（　　）。

A. 临时清查　　B. 现金清查
C. 定期清查　　D. 不定期清查

5. 当发现存货盘盈时，在报经有关部门批准后，应贷记的会计科目是（　　）。

A. 管理费用　　B. 营业外收入
C. 其他业务收入　　D. 待处理财产损溢

6. 采用实地盘存制，在账簿记录中能反映的是（　　）。

A. 发出的存货数量　　B. 财产物资的减少数

C. 商品的销售业务　　D. 财产物资的增加数

7. 用来记录和反映各项财产物资在盘点日实有数量的盘存单是（　　）。

A. 记账凭证　　B. 转账凭证

C. 自制原始凭证　　D. 外来原始凭证

8. 对往来款项的清查应采用的方法是（　　）。

A. 估算法　　B. 询证核对法

C. 实地盘点法　　D. 技术推算盘点法

9. 对于大堆、难以清点的材料物资进行清查盘点时，一般采用的方法是（　　）。

A. 查询核对法　　B. 抽查检验法

C. 实地盘点法　　D. 技术推算盘点法

10. 某公司在财产清查中盘盈材料一批，原因待查，此时进行会计账务处理依据的是（　　）。

A. 发货单　　B. 进货单

C. 实物盘存单　　D. 实存账存对比表

11. “待处理财产损溢”科目期末处理前借方余额表示的是（　　）。

A. 已处理的财产盘亏

B. 结转已批准处理的财产盘亏

C. 尚待批准处理的财产净损失

D. 批准结转的待处理财产盘盈数

12. 在财产清查中盘亏的固定资产，在报经批准后，应将扣除有关责任或保险公司的赔偿后的净损失计入相关账户的借方，该账户是（　　）。

A. 管理费用　　B. 营业外支出

C. 其他应收款　　D. 其他业务成本

13. 在财产清查中发现存货盘亏，若属于自然原因产生的定额内的合理损耗，经批准应转入的账户是（　　）。

A. 管理费用　　B. 财务费用

C. 营业外支出　　D. 其他应收款

14. 在财产清查中发现存货盘亏，属于自然灾害或意外事故造成的存货毁损，扣除保险公司赔款和残料价值后的余额，应计入的账户是（　　）。

A. 管理费用　　B. 财务费用

C. 营业外支出　　D. 其他应收款

15. 发现存货盘盈时，在报经有关部门批准后，通常应计入的是（　　）。

A. “营业外收入”科目的贷方　　B. “管理费用”科目的借方

C. “管理费用”科目的贷方　　D. “待处理财产损溢”科目的贷方

16. 以下情况中宜采用局部清查的是（　　）。

A. 企业清产核资

B. 年终决算前进行的清查

C. 企业更换单位主要负责人时

D. 出纳员每日业务终了对库存现金清点核对

17. 某企业银行存款日记账余额为 58 000 元，银行送来对账单余额为 56 200 元，经核对发现，银行已收、企业未收款项为 10 000 元，企业已付、银行未付款项为 2 000 元，银行已付、企业未付款项 8 000 元，企业已收、银行未收款项 5 800 元，假设不考虑其他因素，调整后银行存款余额是（　　）。

A. 54 000 元　　B. 56 000 元

C. 60 000 元　　D. 62 000 元

18. 下列业务不需要通过“待处理财产损溢”科目核算的是（　　）。

A. 材料盘亏　　B. 产成品丢失

C. 固定资产盘亏　　D. 无法收回的应收账款

19. 某企业 5 月 30 日编制银行存款余额调节表，则 5 月 30 日该企业可用的实际存款额是（　　）。

A. 调节表中显示的调节后余额 86 600 元

B. 5 月 30 日银行开出的对账单余额 75 500 元

C. 5 月 30 日企业存款日记账账面余额 90 000 元

D. 对账单余额与日记账余额之间的差额 14 500 元

20. 现金清查的方法是（　　）。

A. 实地盘点法　　B. 技术推算法

C. 外调核对法　　D. 与银行对账单核对

二、多项选择题

1. 按对象和范围划分，财产清查的种类有（　　）。

A. 全面清查　　B. 定期清查

C. 局部清查　　D. 不定期清查

2. 不定期清查又称临时清查，下列情况中需要进行不定期清查的有（　　）。

A. 企业年终决算之前

B. 企业在更换财产物资保管人员时

C. 由于自然灾害或不可抗力发生意外损失时

D. 企业发生重组、合并等改变隶属关系业务时

3. 按执行单位划分，财产清查的种类有（　　）。

A. 内部清查　　B. 外部清查

C. 定期清查　　D. 不定期清查

4. 财产物资的盘存制度，又叫作财产物资数量的盘存方法。按照确定财产物资账面结存数的依据不同，财产物资的盘存制度有（　　）。

A. 永续盘存制　　B. 账目盘存制

C. 实地盘存制　　D. 现金盘存制

5. 造成企业银行存款日记账余额小于银行对账单余额的未达账项有（　　）。

A. 企业已收款入账，而银行尚未收款入账的款项

B. 企业已付款入账，而银行尚未付款入账的款项

C. 银行已收款入账，而企业尚未收款入账的款项

D. 银行已付款入账，而企业尚未付款入账的款项

6. 以下属于“待处理财产损溢”账户贷方登记的有（　　）。

A. 发生的待处理财产盘盈数　　B. 发生的待处理财产盘亏数

C. 已批准处理的财产盘亏转销数　　D. 已批准处理的财产盘盈转销数

7. 企业在进行全面清查前，应做好的准备工作有（　　）。

A. 组建财产清查小组

B. 将各种财产物资整理好，排列整齐

C. 将有关账簿登记齐全，并确保账账、账证相符

D. 准备好必要的计量器和空白的清产盘存单据表

8. 下列情况中要进行全面清查的有（　　）。

A. 年终决算之前　　B. 更换仓库报保管员

C. 单位主要负责人调离工作岗位前　　D. 单位撤销、合并或改变隶属关系时

9. 下列财产物资进行清查应采用实地盘点法的有（　　）。

A. 现金清查　　B. 存货清查

C. 银行存款清查　　D. 往来款项清查

10. 下列财产物资的清查应采用询证核对法的有（　　）。

A. 原材料　　B. 应收账款

C. 应付账款　　D. 库存现金

11. 当存货发生盘亏或毁损，在报经批准后，可能转入的账户有（　　）。

A. 管理费用　　B. 应收账款

C. 其他应收款　　D. 营业外支出

12. 下列表格中，可用作原始凭证，据以调整账簿记录的有（　　）。

A. 实存账存对比表　　B. 往来款项对账单

C. 现金盘点报告单　　D. 银行存款余额调节表

13. 下列关于“实存账存对比表”的说法中，正确的有（　　）。

A.“实存账存对比表”是外来原始凭证

B.“实存账存对比表”是明确经济责任的依据

C.“实存账存对比表”是资产负债表的附表之一

D.“实存账存对比表”是调整账簿记录的原始凭证

14. 下列关于“银行存款余额调节表”的说法中，正确的有（　　）。

A.“银行存款余额调节表”只起到对账的作用

B.“银行存款余额调节表”是银行存款清查的方法

C.“银行存款余额调节表”是调节账面余额的原始凭证

D. 如果存在未达账项，就应该编制“银行存款余额调节表”

15. 对固定资产盘亏结果的处理，下列说法中正确的有（　　）。

A. 填制“固定资产盘点盈亏报告表”

B. 报经批准后，转入“管理费用”账户

C. 应按盘亏的固定资产账面价值借记“待处理财产损溢”账户

D. 按账面已提折旧借记“累计折旧”账户，贷记“固定资产”账户

16. 对往来款项清查结果的会计处理，下列说法中正确的有（　　）。
A. 可以不通过“待处理财产损溢”账户进行核算
B. 批准前，通过“待处理财产损溢”账户进行核算
C. 对无法收回的应收账款，经批准后冲减“坏账准备”账户
D. 对无法偿付的应付账款，经批准后予以转销，直接记入“营业外收入”
17. 对存货盘亏结果的会计处理，下列说法中正确的有（　　）。
A. 属于定额内的合理损耗，经批准转作“管理费用”
B. 由于计量、收发差错造成的存货短缺应计入“营业外支出”
C. 属于自然灾害造成的存货毁损，扣除赔款和残料价值后的余额计入“营业外支出”
D. 由于管理不善等造成的存货短缺，扣除赔款和残料价值后的余额计入“管理费用”
18. 造成账实不符的原因有（　　）。
A. 账簿的漏记、错记　　B. 财产物资收发计量错误
C. 存储中发生自然损耗　　D. 发生意外灾害造成损失
19. 实物财产清查常用的方法有（　　）。
A. 实地盘点法　　B. 询证核对法
C. 技术推算法　　D. 核对账目法
20. 库存现金清查的主要内容有（　　）。
A. 是否有未达账项　　B. 是否有白条抵库
C. 是否坐支库存现金　　D. 是否超限额留存库存现金

三、判断题

1. 企业的定期清查一般是在期末进行，可以是全面清查，也可以是局部清查。（　　）
2. 全面清查是定期进行的，局部清查是不定期进行的。（　　）
3. 单位主要负责人调离工作岗位前需要进行局部清查。（　　）
4. 永续盘存制是指对企业各项财产物资的增减变动情况，平时只记录增加数，不登记减少数。（　　）
5. 在进行现金清查时，出纳人员作为财会人员不应在场。（　　）
6. “库存现金盘点报告表”填制完毕，盘点人员和出纳员共同签章方能生效。（　　）
7. 对于未达账项，应编制银行存款余额调节表。（　　）
8. 通过银行存款余额调节表计算得出的企业银行存款日记账余额与银行对账单余额相符，说明企业和银行双方记账过程完全正确。（　　）
9. 实物财产的清查一般采用核对账目的方法进行。（　　）
10. 为了反应各单位在财产清查过程中查明的财产盈亏、毁损及其处理情况，应设置“待处理财产损溢”账户，该账户属于资产类账户。（　　）
11. 盘盈的存货在查明原因后应计入“营业外收入”账户。（　　）

12. 对于财产清查结果的会计处理一般分两步进行，即审批前先调整账面的记录，审批后转入有关账户。 （　　）

13. 技术推算法是指利用一定的技术方法对财产物资的实存数进行推算的一种方法，这种方法适用于数量大、难以逐一清点、而价值又低的财产物资。 （　　）

14. 属于计量、收发差错或管理不善等造成的存货短缺或损毁，应先扣过失人赔款和残料价值后，将余额计入"营业外支出"。 （　　）

15. 银行存款余额调节表是调节账面余额的原始凭证。 （　　）

四、计算题

1. 北方公司20×8年10月31日"银行存款"账户余额为58 600元，"银行对账单"余额为60 800元，企业和银行双方检查账面后发现账面记录均无错误，经核对存在如下未达账项：

（1）10月30日，企业开出转账支票预付下半年报纸杂志订阅费850元，企业已经登记银行存款减少，但持票人尚未到银行办理，银行未入账；

（2）10月31日，企业收到销售产品转账支票一张2 900元，企业已记银行存款的增加，但银行尚未入账；

（3）10月31日，银行代收广西华新厂货款5 500元，银行已经入账，但尚未通知企业，企业尚未入账；

（4）10月31日，银行代企业支付水电费1 250元，银行已登记企业存款减少，但尚未通知企业，企业尚未入账。

除上述资料外，不考虑其他因素，要求：

根据以上资料编制北方公司10月31日银行存款余额调节表（表9）。

表9　　　　　　　　　　**银行存款余额调节表**

年　月　日　　　　　　　　　　单位：元

项目	金额	项目	金额
企业存款日记账余额 加：银行已收，企业未收款 减：银行已付，企业未付款		银行对账单余额 加：企业已收，银行未收款 减：企业已付，银行未付款	
调整后的存款余额		调整后的存款余额	

2. 南都公司20×8年9月30日银行存款日记账账面余额为83 000元，银行对账单余额为71 000元。假定企业和银行双方记账没有错误。经核对，存在以下未达账项：

（1）9月29日，银行代收销售货款5 900元，银行已收款入账，但企业尚未收到收款通知，未入账。

（2）9月29日企业送存银行销售取得的转账支票一张，共18 600元，银行尚未入账。

（3）9月30日，企业购买原材料，开出转账支票4 200元，持票人尚未到银行办理转账手续，银行未入账。

（4）银行代企业支付本月电费3 500元，银行付款入账，但企业尚未收到付款通知，未入账。

除上述资料外，不考虑其他因素，要求：

编制南都公司 9 月 30 日银行存款余额调节表（表 10）。

表 10　　银行存款余额调节表

年　月　日　　单位：元

项目	金额	项目	金额
企业存款日记账余额 加：银行已收，企业未收款 减：银行已付，企业未付款		银行对账单余额 加：企业已收，银行未收款 减：企业已付，银行未付款	
调整后的存款余额		调整后的存款余额	

五、账务处理题

胜达公司 20×8 年 12 月进行财产清查时，发现以下盘亏、盘盈情况：

（1）盘盈甲材料 2 000 元，经查明是由于之前计量工具不准所致，经批准冲减当月的管理费用；

（2）盘亏乙材料 5 000 元，经查明是由于自然灾害造成，由保险公司赔偿 2 000 元，销售残料收入现金 500 元；

（3）盘亏丙材料 10 千克，每千克 60 元，经核查发现其中的 7 千克是定额内损耗，其余 3 千克是保管人员刘某失职所致，应由其负责赔偿；

（4）盘亏某设备一台，原价 15 000 元，账面已计提折旧 5 000 元。经查明是由于保管不善造成，经审批后计入营业外支出；

（5）库存现金短款 200 元，经核实是由于出纳员秦某过失造成，经审批由其赔偿；

（6）应收华鼎公司账款 20 000 元，该笔应收账款已超过五年，经批准作为坏账损失处理，予以注销。

除上述资料外，不考虑其他因素，要求：根据以上业务编制有关的会计分录。

参考答案

一、单项选择题

1. A	2. C	3. A	4. C	5. A	6. D
7. C	8. B	9. D	10. D	11. C	12. B
13. A	14. C	15. C	16. D	17. C	18. D
19. A	20. A				

二、多项选择题

1. AC	2. BCD	3. AB	4. AC	5. BC	6. AC
7. ABCD	8. ACD	9. AB	10. BC	11. ACD	12. AC

13. BD　　14. AD　　15. ACD　　16. ACD　　17. ACD　　18. ABCD
19. AC　　20. ABCD

三、判断题

1. √　　2. ×　　3. ×　　4. ×　　5. ×　　6. √
7. √　　8. ×　　9. ×　　10. √　　11. ×　　12. √
13. √　　14. ×　　15. ×

四、计算题

1. 北方公司10月31日银行存款余额调节表编制如表11所示。

表11　　银行存款余额调节表

20×8年10月31日　　单位：元

项目	金额	项目	金额
企业存款日记账余额 加：银行已收，企业未收款 减：银行已付，企业未付款	58 600 5 500 1 250	银行对账单余额 加：企业已收，银行未收款 减：企业已付，银行未付款	60 800 2 900 850
调整后的存款余额	62 850	调整后的存款余额	62 850

2. 南都公司9月30日银行存款余额调节表编制如表12所示。

表12　　银行存款余额调节表

20×8年9月30日　　单位：元

项目	金额	项目	金额
企业存款日记账余额 加：银行已收，企业未收款 减：银行已付，企业未付款	83 000 5 900 3 500	银行对账单余额 加：企业已收，银行未收款 减：企业已付，银行未付款	71 000 18 600 4 200
调整后的存款余额	85 400	调整后的存款余额	85 400

五、账务处理题

编制上述业务编制会计分录如下：

（1）审批前，作如下会计处理：

借：原材料——甲材料　　2 000
　贷：待处理财产损溢——待处理流动资产损溢　　2 000

审批后，作如下会计处理：

借：待处理财产损溢——待处理流动资产损溢　　2 000
　贷：管理费用　　2 000

（2）审批前，作如下会计处理：

借：待处理财产损溢——待处理流动资产损溢　　5 000
　贷：原材料——乙材料　　5 000

审批后，作如下会计处理：

借：其他应收款——保险公司	2 000	
库存现金	500	
营业外支出	2 500	
贷：待处理财产损溢——待处理流动资产损溢		5 000

（3）审批前，作如下会计处理：

借：待处理财产损溢——待处理流动资产损溢	600	
贷：原材料——丙材料		600

审批后，作如下会计处理：

借：其他应收款——刘某	180	
管理费用	420	
贷：待处理财产损溢——待处理流动资产损溢		600

（4）审批前，作如下会计处理：

借：待处理财产损溢——待处理固定资产损溢	10 000	
累计折旧	5 000	
贷：固定资产		15 000

经批准予以转销，作如下会计分录：

借：营业外支出——固定资产盘亏	10 000	
贷：待处理财产损溢——待处理固定资产损溢		10 000

（5）审批前，作如下会计处理：

借：待处理财产损溢——待处理流动资产损溢	200	
贷：库存现金		200

经核查，属于出纳员责任，经批准应由其赔偿，会计处理如下：

借：其他应收款——秦某	200	
贷：待处理财产损溢——待处理流动资产损溢		200

（6）应收华鼎公司账款经批准作为坏账，作如下会计分录：

借：坏账准备	20 000	
贷：应收账款——华鼎公司		20 000

第八章 财务会计报告

要点总览

- 财务会计报告概述
  - 财务会计报告的构成：四表一附注
  - 财务会计报告的分类
  - 财务会计报告列报的基本要求：十个要求
  - 财务会计报告的意义
- 财务会计报告的结构、编制
  - 资产负债表的结构内容、编制方法
  - 利润表的结构内容、编制方法
  - 现金流量表的结构内容、编制方法
  - 所有者权益变动表的结构内容、编制方法
  - 附注的内容、编制
- 财务报表分析
  - 财务报表分析的意义
  - 财务报表分析的内容
  - 财务报表分析的基本方法

重点难点

- 重点
  - 资产负债表的结构内容、编制方法
  - 利润表的结构内容、编制方法
- 难点
  - 资产负债表的结构内容、编制方法
  - 利润表的结构内容、编制方法
  - 现金流量表的结构内容、编制方法
  - 财务报表分析的内容、方法

知识点梳理

表 1　　第一节　财务会计报告的意义

<table>
<tr><td>一、财务会计报告的概念</td><td colspan="2">是指企业对外提供的反映企业某一特定日期的财务状况和某一会计期间的经营成果、现金流量等会计信息的文件</td></tr>
<tr><td rowspan="6">二、财务会计报告的构成</td><td rowspan="4">会计报表</td><td>资产负债表</td></tr>
<tr><td>利润表</td></tr>
<tr><td>现金流量表</td></tr>
<tr><td>所有者权益变动表</td></tr>
<tr><td colspan="2">会计报表附注</td></tr>
<tr><td colspan="2">财务情况说明书</td></tr>
<tr><td rowspan="9">三、财务会计报告的分类</td><td rowspan="2">1. 按照涵盖的会计期间不同分类</td><td>中期财务会计报告：资产负债表、利润表、现金流量表和附注</td></tr>
<tr><td>年度财务会计报告：四表一附注</td></tr>
<tr><td rowspan="2">2. 按照编制主体不同分类</td><td>个别财务会计报告：资产负债表</td></tr>
<tr><td>合并财务会计报告：合并资产负债表</td></tr>
<tr><td rowspan="2">3. 按照财务会计报告信息服务对象不同分类</td><td>内部财务会计报告：成本报表</td></tr>
<tr><td>外部财务会计报告：四表一附注</td></tr>
<tr><td rowspan="3">4. 按照财务会计报告所反映的资金运动状态不同分类</td><td>静态报告：资产负债表</td></tr>
<tr><td>动态报告：利润表</td></tr>
<tr><td>动静结合报告：现金流量表</td></tr>
<tr><td rowspan="10">四、财务会计报告列报的基本要求（十项要求）</td><td colspan="2">1. 以各项会计准则确认和计量的结果为依据</td></tr>
<tr><td colspan="2">2. 以持续经营为基础</td></tr>
<tr><td colspan="2">3. 现金流量表按照收付实现制编制，其他财务报表应当按照权责发生制编制</td></tr>
<tr><td colspan="2">4. 遵循一致性</td></tr>
<tr><td colspan="2">5. 遵循重要性</td></tr>
<tr><td colspan="2">6. 不得相互抵销后列报</td></tr>
<tr><td colspan="2">7. 要列报比较信息</td></tr>
<tr><td colspan="2">8. 表首应当在财务报表的显著位置披露</td></tr>
<tr><td colspan="2">9. 报告期间的要求</td></tr>
<tr><td colspan="2">10. 报表项目单独列报的要求</td></tr>
</table>

表1(续)

五、财务会计报告的意义	内部意义	(1) 为企业管理当局加强管理提供相关信息
		(2) 为企业职工了解企业，完成企业经营目标提供相关信息
	外部意义	(1) 为投资者、债权人、供应商、客户做出决策提供相关信息
		(2) 为政府部门进行监督、检查提供相关信息
		(3) 为国家宏观经济管理提供相关信息
		(4) 为其他组织、部门等提供决策有用的信息

表 2

第二节 资产负债表

一、资产负债表的概念	资产负债表是反映企业在某一特定日期财务状况的报表		
二、资产负债表的结构内容	采用账户式结构，分为表首和正表两部分	表首部分应注明单位名称、编表时间、计量单位、报表编号等信息	
		正表部分左边为资产，右边为负债和所有者权益，左边的资产总计必须等于右边的负债总计加上所有者权益总计之和	
三、资产负债表项目的数据来源	总账和明细账的期末余额		
四、资产负债表项目的填列方法	年初余额	根据上年年末资产负债表“期末余额”栏各项目所列数字填列。如果本年度资产负债表各个项目的名称和内容与上年度不一致的，应按规定进行调整后填列	
	期末余额	直接填列法	有的报表项目可以不需要分析计算，而是直接根据总账科目的期末余额填列。如“交易性金融资产”“短期借款”“应交税费”“应付职工薪酬”“实收资本”“盈余公积”等项目
		分析计算填列法	(1) 根据几个总账科目的期末余额分析计算填列，比如“货币资金”“存货”项目
			(2) 根据有关明细账科目余额分析计算填列，如“应收票据及应收账款”“预付账款”“应付票据及应付账款”“预收账款”项目
			(3) 根据总账科目和所属明细账科目余额分析计算填列，如“长期借款”项目
			(4) 根据总账及其备抵科目的金额分析计算填列，如“存货”“应收票据及应收账款”“固定资产”等项目

表 3　　　　　　　　　　　　　　　　　　**第三节　利润表**

<table>
<tr><td>一、利润表的概念</td><td colspan="3">利润表是反映企业在一定会计期间经营成果的报表</td></tr>
<tr><td rowspan="2">二、利润表的结构内容</td><td colspan="2" rowspan="2">多步骤报告式结构，分为表首和正表两部分</td><td>表首部分应注明单位名称、编表时间、计量单位、报表编号等信息</td></tr>
<tr><td>正表部分是将当期的收入、费用、支出项目按性质加以归类，通过多个步骤计算出有关利润指标。这些步骤有：第一步计算营业利润，第二步计算利润总额，第三步计算净利润，第四步计算其他综合收益，第五步计算综合收益总额，第六步计算每股收益。这也是会计等式“收入-费用=利润”在利润表中的体现</td></tr>
<tr><td>三、利润表项目的数据来源</td><td colspan="3">损益类科目和所有者权益类有关科目的发生额</td></tr>
<tr><td rowspan="5">四、利润表项目的填列方法</td><td>上期金额</td><td colspan="2">利润表中的“上期金额”栏各项目，如为年度利润表，则应该根据上年年末利润表的“本期金额”栏数字填列，如果本年度利润表各个项目的名称和内容与上年度不一致的，应按规定进行调整后填列</td></tr>
<tr><td rowspan="4">本期金额</td><td>直接填列法</td><td>有的报表项目可以不需要分析计算，而是直接根据损益类账户的本期发生额填列。如“税金及附加”“销售费用”“管理费用”“财务费用”“资产减值损失”“公允价值变动收益”“所得税费用”等项目</td></tr>
<tr><td rowspan="3">分析计算填列法</td><td>（1）根据几个损益类总账科目的本期发生净额分析计算填列，比如“营业收入”“营业成本”项目</td></tr>
<tr><td>（2）根据有关损益类总账科目和所属明细账科目本期发生额分析计算填列，如“投资收益”“营业外收入”“营业外支出”“其他综合收益”项目</td></tr>
<tr><td>（3）根据利润表表中相关项目计算填列。如“营业利润”“利润总额”“净利润”“综合收益总额”项目</td></tr>
</table>

表 4　　　　　　　　　　　　　　　　　**第四节　现金流量表**

<table>
<tr><td rowspan="3">一、现金流量表的相关概念</td><td>现金</td><td>指广义的现金，包括：①库存现金；②银行存款；③其他货币资金；④现金等价物</td></tr>
<tr><td>现金流量</td><td>指企业在一定会计期间内现金流入（增加）的金额、流出（减少）的金额以及流入减流出后的净额</td></tr>
<tr><td>现金流量表</td><td>指反映企业在一定会计期间现金和现金等价物流入和流出的报表</td></tr>
</table>

表4(续)

二、现金流量表的结构内容	表首	表首部分应注明单位名称、编表时间、计量单位、报表编号等信息
	正表	(1) 经营活动产生的现金流量 (2) 投资活动产生的现金流量 (3) 筹资活动产生的现金流量 (4) 汇率变动对现金的影响 (5) 现金及现金等价物净增加额 (6) 期末现金及现金等价物余额
三、现金流量表项目的数据来源	资产负债表、利润表的数据资料，总账科目及所属明细账的本期发生额和期末余额	
四、现金流量表的编制基础	是按照收付实现制，以现金为基础编制的	
五、现金流量表项目的填列方法	(1) 直接法。直接法是指按照现金流入和现金流出的主要类别直接反映企业经营活动、投资活动、筹资活动所产生的现金流量项目中的方法。现金流量表附注中的“将净利润调节为经营活动产生的现金流量”采用间接法编制，并且其结果应与采用直接法编制的“经营活动产生的现金流量”相等 间接法是指以净利润为依据，扣除投资活动、筹资活动对现金流量的影响，调整不涉及现金的收入、费用和已收付现金但不涉及收入、费用的项目，然后计算出经营活动产生的现金流量的方法 (2) 工作底稿法。工作底稿法是指以工作底稿为手段，以利润表和资产负债表数据为基础，对每一项目进行分析并编制调整分录，从而编制出现金流表的做法 (3) T型账户法。T型账户法是指以T型账户为手段，以利润表和资产负债表数据为基础，对每一项目进行分析并编制调整分录，从而编制出现金流量表的做法	

表5

第五节 所有者权益变动表

一、所有者权益变动表的概念	所有者权益变动表是指反映构成所有者权益的各组成部分当期的增减变动情况的报表	
二、所有者权益变动表的结构内容	结构	矩阵式
	内容	至少列报以下内容： 1. 综合收益总额 2. 会计政策变更和前期差错更正的累积影响金额； 3. 所有者投入资本和向所有者分配利润等； 4. 按照规定提取的盈余公积； 5. 所有者权益各组成部分的期初和期末余额及其调节情况
三、所有者权益变动表项目的数据来源	根据所有者权益类科目和损益类有关科目的发生额填列	

表5（续）

四、所有者权益变动表项目的填列方法	上年金额	根据上年度所有者权益变动表“本年金额”栏内所列数字填列本年度“上年金额”栏内各项数字。如果上年度所有者权益变动表规定的项目的名称和内容同本年度不一致，应按规定进行调整后填列
	本年金额	（1）根据上年资产负债表和当年利润表数据分析填列，如“上年年末余额”“综合收益总额”项目 （2）根据利润分配各明细账的数据分析填列，如“会计政策变更”和“前期差错更正”“提取盈余公积”“对所有者（或股东）的分配”项目 （3）根据所有者权益类总账及明细账户的数据分析填列，如“所有者投入资本”“股份支付计入所有者权益的金额”“资本公积转增资本（或股本）”“盈余公积转增资本（或股本）”“盈余公积弥补亏损”项目

表6 第六节　附注

一、附注的概念	附注是对在资产负债表、利润表、现金流量表和所有者权益变动表等报表中列示项目的文字描述或明细资料，以及对未能在这些报表中列示项目的说明等
二、附注的内容	1. 企业的基本情况 2. 财务报表的编制基础 3. 遵循企业会计准则的声明 4. 重要会计政策和会计估计 5. 会计政策和会计估计变更以及差错更正的说明 6. 报表重要项目的说明 7. 或有和承诺事项、资产负债表日后非调整事项、关联方关系及其交易等需要说明的事项 8. 有助于财务报表使用者评价企业管理资本的目标、政策及程序的信息

表7 第七节　财务报表分析

一、财务报表分析的概念	是指以企业财务会计报告中的有关数据为基础，并结合其他有关信息，运用专门的方法对企业的财务状况、经营成果和现金流量情况进行分析计算，以便通过计算结果进行综合比较和评价，为有关人员提供参考的一项管理活动
二、财务报表分析的内容	（1）偿债能力分析 （2）营运能力分析 （3）盈利能力分析 （4）现金流量分析 （5）发展能力分析 （6）投资价值分析 （7）综合分析

表7（续）

三、财务报表分析的步骤	（1）根据分析对象的需要收集有关信息 （2）根据分析目的把整体的各个部分分类归纳整理，使之符合需要 （3）采用一定的分析方法进行具体分析 （4）撰写分析报告	
四、财务报表分析的意义	（1）有利于投资者的投资决策和经济预测 （2）有利于债权人做出信用决策和经济预测 （3）为政府部门制定宏观政策和经济预测提供参考 （4）有利于企业管理层进行经营管理决策 （5）有利于企业职工了解企业盈利与职工薪酬之间是否适应 （6）有利于其他机构、组织、个人进行预测和决策	
五、财务报表分析的局限性	（1）报表数据不真实导致分析结果不真实 （2）某些情况下造成财务报表分析结果不具可比性 （3）很难准确地预测未来	
六、财务报表分析的基本方法	（1）比较分析法 （2）比率分析法 （3）趋势分析法 （4）因素分析法等	
七、常用财务指标	偿债能力指标	（1）流动比率 （2）速动比率 （3）资产负债率 （4）产权比率
	营运能力指标	（1）应收账款周转率 （2）存货周转率 （3）流动资产周转率 （4）总资产周转率
	获利能力指标	（1）总资产报酬率 （2）营业收入利润率 （3）成本费用利润率
	发展能力指标	（1）营业收入增长率 （2）资本保值增值率 （3）总资产增长率 （4）营业利润增长率

练习题

一、单项选择题

1. 编制财务报表时，报表项目数据的直接来源是（　　）。

A. 原始凭证　　B. 记账凭证

C. 科目汇总表　　D. 账簿记录

2. 我国利润表的格式是（　　）。

A. 矩阵　　B. 账户式
C. 单步骤报告式　　D. 多步骤报告式

3. 下列属于对外财务报表的是（　　）。
A. 利润表　　B. 折旧计算表
C. 制造费用明细表　　D. 产品生产成本表

4. 资产负债表反映的内容是（　　）。
A. 现金流量　　B. 财务状况
C. 经营成果　　D. 所有者权益变动情况

5. 反映企业在某一特定日期财务状况的报表是（　　）。
A. 利润表　　B. 现金流量表
C. 资产负债表　　D. 所有者权益变动表

6. 反映企业在一定会计期间内经营成果的财务报表是（　　）。
A. 利润表　　B. 现金流量表
C. 资产负债表　　D. 所有者权益变动表

7. 资产负债表中"应收票据及应收账款"项目填列的依据是（　　）。
A."应收账款"和"应收账款"总账的期末余额
B."应收收款"和"应收账款"总账及所属各明细账的期末余额
C."应收票据""应收账款"和"预收账款"总账所属各明细账的期末借方余额合计
D."应收票据""应收账款"和"预付账款"总账所属各明细账的期末借方余额合计

8. 下列不影响企业当期营业利润的是（　　）。
A. 投资收益　　B. 管理费用
C. 营业外支出　　D. 税金及附加

9. 资产负债表中资产项目的排列顺序，下列表述正确的是（　　）。
A. 按流动性排列　　B. 按重要性排列
C. 按获利能力大小　　D. 按投资者的投资比例

10. 资产负债表遵循的会计恒等式是（　　）。
A. 收入-费用=利润　　B. 资产=负债+所有者权益
C. 现金流入-现金流出=现金净流量　　D. 资产+费用=负债+所有者权益+收入

11. 下列对资产负债表中资产项目的流动性描述正确的是（　　）。
A. 存货的流动性比应收票据及应收账款的流动性强
B. 无形资产的流动性比固定资产的流动性强
C. 货币资金的流动性比应收票据及应收账款的流动性强
D. 一年内到期的非流动资产的流动性比存货的流动性强

12. 资产负债表中负债项目的列示，下列表述正确的是（　　）。
A. 按重要性列示　　B. 按流动性强弱列示
C. 按获利能力大小列示　　D. 按投资者的投资比例列示

13. 企业的资产负债表分为表首和表身，表身又分为左、右两方，右方列示的项目是（　　）。

A. 资产　　B. 负债

C. 所有者权益　　D. 负债和所有者权益

14. 按照我国《企业会计准则第 30 号——财务报表列报》的规定，关于企业编制资产负债表的时间，正确的表述是（　　）。

A. 每旬编制

B. 至少每年年末编制

C. 按企业管理层的需要编制

D. 按财务报表信息使用者的需要性编制

15. 下列不属于资产负债表中“货币资金”项目填列依据的是（　　）。

A. 库存现金　　B. 银行存款

C. 应收票据　　D. 其他货币资金

16. 资产负债表的下列项目中，需要分析计算有关明细账期末余额填列的是（　　）。

A. 短期借款　　B. 盈余公积

C. 应付账款　　D. 应交税费

17. 下列属于资产负债表的报表项目名称的是（　　）。

A.“库存现金”　　B.“银行存款”

C.“应收票据及应收账款”　　D.“其他货币资金”

18. 下列属于静态报表的是（　　）。

A. 利润表　　B. 资产负债表

C. 现金流量表　　D. 所有者权益变动表

19. “预收账款”账户如果出现期末借方余额，应填列的报表项目是（　　）。

A.“应付票据及应付账款”　　B.“预收款项”

C.“预付款项”　　D.“应收票据及应收账款”

20. 如果企业的“利润分配”账户年初借方余额为 190 万元，3 月 31 日“本年利润”的发生净额为贷方 280 万元，不考虑其他因素，那么 3 月 31 日资产负债表中的“未分配利润”项目填列的金额是（　　）。

A. 90 万元　　B. -90 万元

C. -190 万元　　D. 280 万元

21. 反映企业短期偿债能力的指标是（　　）。

A. 流动比率　　B. 存货周转率

C. 总资产报酬率　　D. 资本保值增值率

22. 影响本期利润表中“利润总额”项目金额大小的是（　　）。

A. 本期银行存款的多少　　B. 本期实收资本金额的大小

C. 本期原材料费用的多少　　D. 本期实现的主营业务收入的多少

二、多项选择题

1. 企业财务报表列报的基本要求有（　　）。

A. 遵循重要性　　B. 要列报比较信息

C. 以持续经营为基础　　D. 不得相互抵销后列报

2. 按照我国《企业会计准则第30号——财务报表列报》的规定，一套完整的企业财务报表至少应当包括“四表一注”，属于“四表一注”的有（　　）。

A. 利润表　　B. 资产负债表

C. 制造费用分配表　　D. 材料费用分配表

3. 企业的资产负债表分为表首和表身，表首至少应该列示的信息有（　　）。

A. 企业名称　　B. 计量单位

C. 报表编制时间　　D. 报表编制基础

4. 下列属于资产负债表中“存货”项目填列依据的是（　　）。

A. 原材料　　B. 在途物资

C. 工程物资　　D. 库存商品

5. 下列项目中，属于资产负债表中流动资产报表项目名称的有（　　）。

A.“预收款项”　　B.“预付款项”

C.“原材料”　　D.“一年内到期的非流动资产”

6. 下列财务报表属于按编制主体不同进行分类的有（　　）。

A. 个别财务会计报告　　B. 合并财务会计报告

C. 内部财务会计报告　　D. 外部财务会计报告

7. 表明企业处于非持续经营状态的情况有（　　）。

A. 企业已在当期进行清算或停止营业

B. 企业已经正式决定在下一个会计期间进行清算或停止营业

C. 企业已确定在当期没有其他可供选择的方案而将被迫清算或停止营业

D. 企业已确定在下一个会计期间没有其他可供选择的方案而将被迫清算或停止营业

8. 性质或功能不同的项目，一般应当在财务报表中单独列报，符合这一规定的报表项目有（　　）。

A. 存货　　B. 固定资产

C. 应交税费　　D. 应付职工薪酬

9. 企业在进行重要性判断时，应当根据所处环境，从项目的性质和金额大小两方面予以判断，考虑该项目的性质时应考虑的因素有（　　）。

A. 是否属于企业日常活动　　B. 是否显著影响企业的财务状况

C. 是否显著影响企业的经营成果　　D. 是否显著影响企业的现金流量

10. 企业在进行重要性判断时，应当根据所处环境，从项目的性质和金额大小两方面予以判断，考虑该项目的金额大小时应考虑的因素有（　　）。

A. 单项金额占资产总额的比重　　B. 单项金额占负债总额的比重

C. 单项金额占营业收入总额的比重　　D. 单项金额占净利润总额的比重

11. 下列财务报表项目应当以总额列报，不能相互抵销后列报的有（　　）。

A. 资产和负债项目的金额

B. 收入和费用项目的金额

C. 资产或负债项目按扣除备抵项目后的净额列示

D. 直接计入当期利润的利得项目和损失项目的金额

12. 财务报表项目应当以总额列报，不能相互抵销，但是下列情况不属于抵销的有（　　）。

A. 资产项目按扣除备抵项目后的净额列示

B. 一组类似交易形成的利得和损失以净额列示

C. “长期借款”项目按“长期借款”科目的期末余额，减去一年内到期的金额列示

D. “应付债券”项目按“应付债券”科目的期末余额，减去一年内到期的金额列示

13. 下列资产负债表项目中，须根据账户余额减去其备抵项目后的净额列示的有（　　）。

A. 存货　　B. 应收票据及应收账款

C. 资本公积　　D. 固定资产

14. 下列属于资产负债表中“未分配利润”项目填列依据的有（　　）。

A. 本年利润账户　　B. 盈余公积账户

C. 利润分配账户　　D. 所得税费用账户

15. 下列资产负债表项目中，可以根据有关总账账户余额直接填列的有（　　）。

A. 固定资产　　B. 短期借款

C. 无形资产　　D. 应付职工薪酬

16. 《企业会计准则第30号——财务报表列报》中提到的“列报”包含的意思有（　　）。

A. 列示　　B. 反映

C. 披露　　D. 核算

17. 资产负债表中，属于流动资产的有（　　）。

A. 生产成本　　B. 工程物资

C. 制造费用　　D. 其他应收款

18. 资产负债表中“应付票据及应付账款”项目填列的依据有（　　）。

A. “应付账款”所属明细账的期末余额

B. “应收收款”所属明细账的期末余额

C. “预收账款”所属明细账的期末余额

D. “预付账款”所属明细账的期末余额

19. 利润表项目的数据来源有（　　）。

A. 损益类科目的发生额　　B. 负债类科目的发生额

C. 资产类科目的发生额　　D. 所有者权益类有关科目的发生额

20. 现金流量表中的“现金”包括的内容有（　　）。

A. 库存现金　　B. 企业购入的准备随时出售的股票

C. 可以随时动用的银行存款　　D. 企业购入的准备随时出售的债券

21. 反映企业长期偿债能力的指标有（　　）。

A. 产权比率　　B. 资产负债率
C. 营业收入利润率　　D. 成本费用利润率

22. 速动资产是从流动资产中扣除变现能力较差的部分后的剩余金额，它包括的内容有（　　）。

A. 货币资金　　B. 应收票据
C. 应收账款　　D. 交易性金融资产

三、判断题

1. 财务会计报告是企业对外提供的反映企业某一特定日期的财务状况和某一会计期间的经营成果、现金流量等会计信息的文件。（　　）
2. 在会计实务中，为了使财务报表及时报送，企业可以提前结账。（　　）
3. 资产负债表是反映企业某一特定日期财务成果的报表。（　　）
4. 利润表是反映企业一定期间财务状况的报表。（　　）
5. 资产负债表中的项目一般都是按照重要性排列的，重要的信息单独作为一个项目排在前面，不重要的依次排在后面。（　　）
6. 企业会计报告附注信息只对企业内部披露。（　　）
7. 列报是指交易和事项在报表中的列示和在附注中的披露。（　　）
8. 资产负债表中，应收票据及应收账款项目不用根据应收票据及应收账款账户所有明细账户的期末借方余额合计数填列。（　　）
9. 我国企业利润表的格式一般采用多步骤报告式。（　　）
10. 按有关规定，我国企业报送的财务会计报告必须以人民币反映。（　　）
11. 企业取得的商业汇票属于现金流量表中的“现金等价物”。（　　）
12. 企业财务报表的编制全都是以权责发生制为基础的。（　　）
13. 企业的基本情况、企业注册地、组织形式等应该在附注中进行说明。（　　）
14. 企业财务报表是对企业财务状况、经营成果和现金流量的结构性表述。（　　）
15. 利润表项目都是根据损益类账户的本期发生额填列的。（　　）
16. 资产负债表中，资产类项目应分别按流动资产和非流动资产列示。（　　）
17. 企业编制财务报表时应当对企业持续经营能力进行评估。（　　）
18. 利润表应当对费用按照功能分类进行列报，分为从事经营业务发生的成本、管理费用、销售费用和财务费用等。（　　）
19. 持续经营是会计的基本前提，也是编制财务报表的基础。（　　）
20. 财务报表项目的列报应当在各个会计期间保持一致，不得随意变更。（　　）
21. 资产负债表遵循了“资产=负债+所有者权益”这一会计恒等式。（　　）
22. 一般来说，流动比率越高，企业资产的变现能力越强，短期偿债能力亦越强。（　　）
23. 速动资产是流动资产扣除存货后的剩余部分。（　　）
24. 比率分析法是财务报表分析的基本方法之一。（　　）
25. 一般情况下，总资产报酬率越高，表明企业获利能力越强。（　　）

26. 营业收入增长率是反映企业发展能力的指标之一。 ( )

四、计算题

资料：邕桂公司有关账户期末余额如表 8 所示。

表 8 邕桂公司有关账户期末余额表 单位：万元

账户名称	借方余额	贷方余额	账户名称	借方余额	贷方余额
库存现金	6		库存商品	53	
银行存款	70		在途物资	16	
应收账款	92		生产成本	32	
——甲公司	100		短期借款		20
——乙公司		6	应付账款		128
——丙公司		2	——A 公司		80
预付账款	28		——B 公司		60
——M 公司	37		——C 公司	12	
——H 公司		9	长期借款		40（其中 10 万元将于 1 年内到期）
坏账准备（假设均为应收账款）		3	本年利润	209	
原材料	68		利润分配		200

要求：不考虑其他因素，根据以上资料计算资产负债表的以下项目：

（1）货币资金=

（2）应收票据和应收账款=

（3）应付票据和预付款项=

（4）应付票据和应付账款=

（5）预收款项=

（6）存货=

（7）短期借款=

（8）未分配利润=

（9）流动资产合计=

（10）流动负债合计=

五、编表题

资料：邕桂公司为增值税一般纳税人，适用增值税税率为 17%，所得税税率为 25%，20×8 年年末有关总分类账户发生额及期末余额资料如表 9 所示。

表 9　　**总分类账本期发生额及期末余额试算平衡表**

20×8 年 12 月　　单位：元

账户名称	期初余额		本期发生额		期末余额	
	借方	贷方	借方	贷方	借方	贷方
库存现金	2 450. 00		1 100. 00	2 600. 00	950. 00	
银行存款	2 431 125. 00		5 687 300. 00	756 530. 00	7 361 895. 00	
应收票据	60 000. 00		117 000. 00		177 000. 00	
应收账款	190 000. 00		321 900. 00	411 900. 00	100 000. 00	
坏账准备		950. 00	450. 00			500. 00
预付账款			50 000. 00	50 000. 00		
其他应收款	2 500. 00		1 500. 00	2 500. 00	1 500. 00	
原材料	360 000. 00		380 600. 00	510 340. 00	230 260. 00	
在途物资	30 500. 00			30 500. 00		
库存商品	1 150 000. 00		542 915. 75	712 500. 00	980 415. 75	
生产成本			542 915. 75	542 915. 75		
制造费用			28 568. 25	28 568. 25		
固定资产	4 250 000. 00		188 618. 18		4 438 618. 18	
累计折旧		1 106 000. 00		15 000. 00		1 121 000. 00
固定资产减值准备		100 000. 00				100 000. 00
无形资产	193 000. 00			50 000. 00	143 000. 00	
应付票据		40 000. 00				40 000. 00
短期借款		100 000. 00	50 000. 00			50 000. 00
应付账款		92 550. 00	171 410. 00	128 860. 00		50 000. 00
预收账款		50 000. 00	50 000. 00			
应付职工薪酬			34 500. 00	34 500. 00		
应交税费		22 500. 00	80 980. 00	223 050. 00		164 570. 00
应付股利				92 103. 03		92 103. 03
长期借款		1 000 000. 00				1 000 000. 00
实收资本		4 500 000. 00		2 500 000. 00		7 000 000. 00
资本公积		50 000. 00		2 000 000. 00		2 050 000. 00
盈余公积		72 000. 00		131 575. 75		203 575. 75
利润分配-未分配利润		1 535 575. 00	105 260. 60	131 575. 75		1 561 890. 15
主营业务收入			2 785 000. 00	2 785 000. 00		
营业外收入			9 000. 00	9 000. 00		
主营业务成本			712 500. 00	712 500. 00		

表9(续)

账户名称	期初余额		本期发生额		期末余额	
	借方	贷方	借方	贷方	借方	贷方
税金及附加			11 000.00	11 000.00		
销售费用			737 625.00	737 625.00		
管理费用			23 261.75	23 261.75		
资产减值损失			450.00	450.00		
营业外支出			50 066.25	50 066.25		
所得税费用			314 774.25	42 900.00		
本年利润			2 199 075.00	2 199 075.00		
合计	8 669 575.00	8 669 575.00	14 925 896.53	14 925 896.53	13 433 638.93	13 433 638.93

其他有关明细资料如下：

（1）“应收账款”明细账资料：应收甲公司借方余额　110 000 元

应收乙公司贷方余额　10 000 元

（2）“应付账款”明细账资料：应付 A 公司贷方余额　90 000 元

应付 B 公司借方余额　40 000 元

（3）“坏账准备”贷方余额均为应收账款计提的坏账准备。

（4）长期借款 100 万元中有将在一年内到期的借款为 80 万元。

不考虑其他因素，要求：

（1）编制邕桂公司的资产负债表。

（2）编制邕桂公司的利润表。

表 10　　**资产负债表**

会企 01 表

编制单位：　　年　月　日　　单位：元

资产	期末余额	年初余额	负债和所有者权益（或股东权益）	期末余额	年初余额
流动资产：			流动负债：		
货币资金			短期借款		
交易性金融资产			交易性金融负债		
衍生金融资产			衍生金融负债		
应收票据及应收账款			应付票据及应付账款		
预付款项			预收款项		
其他应收款			合同负债		
存货			应付职工薪酬		
合同资产			应交税费		
持有待售资产			其他应付款		

表10(续)

资产	期末余额	年初余额	负债和所有者权益（或股东权益）	期末余额	年初余额
一年内到期的非流动资产			持有待售负债		
其他流动资产			一年内到期的非流动负债		
流动资产合计			其他流动负债		
非流动资产：			流动负债合计		
债权投资			非流动负债：		
其他债权投资			长期借款		
长期应收款			应付债券		
长期股权投资			其中：优先股		
其他权益工具投资			永续债		
其他非流动金融资产			长期应付款		
投资性房地产			预计负债		
固定资产			递延收益		
在建工程			递延所得税负债		
生产性生物资产			其他非流动负债		
油气资产			非流动负债合计		
无形资产			负债合计		
开发支出			所有者权益（或股东权益）：		
商誉			实收资本（或股本）		
长期待摊费用			其他权益工具		
递延所得税资产			其中：优先股		
其他非流动资产			永续债		
非流动资产合计			资本公积		
			减：库存股		
			其他综合收益		
			盈余公积		
			未分配利润		
			所有者权益（或股东权益）合计		
资产总计			负债和所有者权益（或股东权益）总计		

表 11　　　　　　　　　　　　　　**利润表**　　　　　　　　　　　　　　会企 02 表

编制单位：　　　　　　　　　　　年　月　　　　　　　　　　　　　　单位：元

项目	本期金额	上期金额
一、营业收入		
减：营业成本		
税金及附加		
销售费用		
管理费用		
研发费用		
财务费用		
其中：利息费用		
利息收入		
资产减值损失		
信用减值损失		
加：其他收益		
投资收益（损失以“-”号填列）		
其中：对联营企业和合营企业的投资收益		
净敞口套期收益（损失以“-”号填列）		
公允价值变动收益（损失以“-”号填列）		
资产处置收益（损失以“-”号填列）		
二、营业利润（亏损以“-”号填列）		
加：营业外收入		
减：营业外支出		
三、利润总额（亏损总额以“-”号填列）		
减：所得税费用		
四、净利润（净亏损以“-”号填列）		
（一）持续经营净利润（净亏损以“-”号填列）		
（二）终止经营净利润（净亏损以“-”号填列）		
五、其他综合收益的税后净额		
（一）不能重分类进损益的其他综合收益		
1. 重新计量设定受益计划变动额		
2. 权益法下不能转损益的其他综合收益		
3. 其他权益工具投资公允价值变动		
4. 企业自身信用风险公允价值变动		
……		

表11(续)

项目	本期金额	上期金额
（二）将重分类进损益的其他综合收益		
1. 权益法下可转损益的其他综合收益		
2. 其他债权投资公允价值变动		
3. 金融资产重分类计入其他综合收益的金额		
4. 其他债权投资信用减值准备		
5. 现金流量套期储备		
6. 外币财务报表折算差额		
……		
六、综合收益总额		
七、每股收益：		
（一）基本每股收益		
（二）稀释每股收益		

六、报表分析题

资料：利用第五题的资产负债表资料和利润表资料。

表12　　相关指标

财务指标	指标的计算	指标的简要分析
（1）流动比率		
（2）速动比率		
（3）资产负债率		
（4）产权比率		
（5）营业收入利润率		
（6）成本费用利润率		

要求：计算以上财务指标并进行简要分析（假设不考虑其他因素）。

参考答案

一、单项选择题

1. D	2. D	3. A	4. B	5. C	6. A
7. C	8. C	9. A	10. B	11. C	12. B
13. D	14. B	15. C	16. C	17. C	18. B
19. D	20. A	21. A	22. D		

二、多选选择题

1. ABCD　2. AB　3. ABC　4. ABD　5. BD　6. AB
7. ABCD　8. ABCD　9. ABCD　10. ABCD　11. ABD　12. ABCD
13. ABD　14. AC　15. BD　16. AC　17. ACD　18. AD
19. AD　20. AC　21. AB　22. ABCD

三、判断题

1. √　2. ×　3. ×　4. ×　5. ×　6. ×
7. √　8. ×　9. √　10. √　11. ×　12. ×
13. √　14. √　15. ×　16. √　17. √　18. √
19. √　20. √　21. √　22. √　23. ×　24. √
25. √　26. √

四、计算题

资产负债表部分项目计算如下：
（1）货币资金=76（万元）
（2）应收票据及应收账款=97（万元）
（3）预付款项=49（万元）
（4）应付票据及应付账款=149（万元）
（5）预收款项=8（万元）
（6）存货=169（万元）
（7）短期借款=20（万元）
（8）未分配利润=-9（万元）
（9）流动资产合计=391（万元）
（10）流动负债合计=187（万元）

五、编表题

1. 编制资产负债表如表 13 所示。

表 13　　资产负债表

会企 01 表

编制单位：邕桂公司　　20×8 年 12 月 31 日　　单位：元

资产	期末余额	年初余额	负债和所有者权益（或股东权益）	期末余额	年初余额
流动资产：			流动负债：		
货币资金	7 362 845.00		短期借款	50 000	
交易性金融资产			交易性金融负债		
衍生金融资产			衍生金融负债		
应收票据及应收账款	286 500		应付票据及应付账款	130 000	

表13(续)

资产	期末余额	年初余额	负债和所有者权益（或股东权益）	期末余额	年初余额
预付款项	40 000		预收款项	10 000	
其他应收款	1 500		合同负债		
存货	1 210 675. 75		应付职工薪酬		
合同资产			应交税费	164 570	
持有待售资产			其他应付款	92 103. 03	
一年内到期的非流动资产			持有待售负债		
其他流动资产			一年内到期的非流动负债	800 000	
流动资产合计	8 901 520. 75		其他流动负债		
非流动资产：			流动负债合计	1 246 673. 03	
债权投资			非流动负债：		
其他债权投资			长期借款	200 000	
长期应收款			应付债券		
长期股权投资			其中：优先股		
其他权益工具投资			永续债		
其他非流动金融资产			长期应付款		
投资性房地产			预计负债		
固定资产	3 217 618. 18		递延收益		
在建工程			递延所得税负债		
生产性生物资产			其他非流动负债		
油气资产			非流动负债合计	200 000	
无形资产	143 000		负债合计		
开发支出			所有者权益（或股东权益）：		
商誉			实收资本（或股本）	7 000 000	
长期待摊费用			其他权益工具		
递延所得税资产			其中：优先股		
其他非流动资产			永续债		
非流动资产合计	3 360 618. 18		资本公积	2 050 000	
			减：库存股		
			其他综合收益		
			盈余公积	203 575. 75	
			未分配利润	1 561 890. 15	
			所有者权益（或股东权益）合计	10 815 465. 90	
资产总计	12 262 138. 93		负债和所有者权益（或股东权益）总计	12 262 138. 93	

2. 编制利润表如表 14 所示。

表 14　　**利润表**　　会企 02 表

编制单位：邕桂公司　　20×8 年　　单位：元

项目	本期金额	上期金额
一、营业收入	2 785 000	略
减：营业成本	712 500	
税金及附加	11 000	
销售费用	737 625	
管理费用	23 261. 75	
研发费用		
财务费用		
其中：利息费用		
利息收入		
资产减值损失	450	
信用减值损失		
加：其他收益		
投资收益（损失以“-”号填列）		
其中：对联营企业和合营企业的投资收益		
净敞口套期收益（损失以“-”号填列）		
公允价值变动收益（损失以“-”号填列）		
资产处置收益（损失以“-”号填列）		
二、营业利润（亏损以“-”号填列）	1 300 163. 25	
加：营业外收入	9 000	
减：营业外支出	50 066. 25	
三、利润总额（亏损总额以“-”号填列）	1 259 097	
减：所得税费用	314 774. 25	
四、净利润（净亏损以“-”号填列）	944 322. 75	
（一）持续经营净利润（净亏损以“-”号填列）		
（二）终止经营净利润（净亏损以“-”号填列）		
五、其他综合收益的税后净额		
（一）不能重分类进损益的其他综合收益		
1. 重新计量设定受益计划变动额		
2. 权益法下不能转损益的其他综合收益		
3. 其他权益工具投资公允价值变动		

表14(续)

项目	本期金额	上期金额
4. 企业自身信用风险公允价值变动		
……		
（二）将重分类进损益的其他综合收益		
1. 权益法下可转损益的其他综合收益		
2. 其他债权投资公允价值变动		
3. 金融资产重分类计入其他综合收益的金额		
4. 其他债权投资信用减值准备		
5. 现金流量套期储备		
6. 外币财务报表折算差额		
……		
六、综合收益总额	944 311.75	
七、每股收益：		
（一）基本每股收益		
（二）稀释每股收益		

六、报表分析题（表15）

表15　　财务指标计算分析表

财务指标	指标的计算	指标的简要分析
（1）流动比率	8 901 520.75÷1 246 673.03≈7.14	该企业的流动比率非常高，表明企业短期偿债能力很强
（2）速动比率	（8 901 520.75－1 210 675.75）÷1 246 673.03≈6.17	该企业的速动比率非常高，表明企业短期偿债能力很强
（3）资产负债率	1 446 673.03÷12 262 138.93×100%≈11.80%	该企业的资产负债率比较小，表明企业偿债能力比较强
（4）产权比率	1 446 673.03÷10 815 465.9×100%≈13.38%	该企业的产权比率比较小，表明企业所有者对债权人权益的保障程度比较高
（5）营业收入利润率	1 300 163.25÷2 785 000×100%≈46.68%	该企业的营业收入利润率较高，表明企业营业收入带来的营业利润较高
（6）成本费用利润率	1 259 097÷1 484 386.75×100%=84.82%	该企业的成本费用利润率较高，表明企业为获取利润而付出的代价较小

第九章

账务处理程序

要点总览

- 账务处理程序概述
- 账务处理程序的主要方法
  - 记账凭证账务处理程序
  - 科目汇总表账务处理程序：科目汇总表的编制
  - 汇总记账凭证账务处理程序：汇总记账凭证的编制

每种程序的特点、步骤、优缺点、适用范围。

重点难点

重点：三种主要账务处理程序的特点、账簿设置、账务处理步骤、适用范围

难点：三种主要账务处理程序的区别

知识点梳理

表 1　　第一节　账务处理程序的概述

一、概念	是指账簿组织与记账程序有机结合产生会计信息的步骤和方法，也称之为会计核算程序或会计核算形式
二、意义	1. 有利于会计工作程序的规范化，提高会计信息质量
	2. 有利于保证会计记录的完整性、正确性，增强会计信息的可靠性
	3. 有利于减少不必要的会计核算环节，保证会计信息的及时性

表1(续)

三、种类	1. 记账凭证账务处理程序
	2. 汇总记账凭证账务处理程序
	3. 科目汇总表账务处理程序
	4. 多栏式日记账账务处理程序
	5. 日记总账账务处理程序

表 2　　　　**第二节　记账凭证账务处理程序**

项目	记账凭证账务处理程序
概念	对发生的经济业务事项，都要根据原始凭证或汇总原始凭证编制记账凭证，然后直接根据记账凭证逐笔登记总分类账的一种账务处理程序
凭证组织	可以采用通用记账凭证，也可以采用专用记账凭证，专用记账凭证包括收款凭证、付款凭证和转账凭证三种格式
账簿组织	1. 日记账。主要是库存现金日记账、银行存款日记账，一般采用三栏式订本账 2. 明细分类账。一般采用三栏式、数量金额式、多栏式的活页账或卡片账 3. 总分类账。一般采用三栏式的订本账
账务处理步骤	1. 根据原始凭证编制汇总原始凭证 2. 根据原始凭证或汇总原始凭证，编制收款凭证、付款凭证和转账凭证，也可采用通用的记账凭证 3. 根据收款凭证、付款凭证逐笔登记现金日记账和银行存款日记账 4. 根据原始凭证、汇总原始凭证和记账凭证，登记各种明细分类账 5. 根据记账凭证逐笔登记总分类账 6. 期末，现金日记账、银行存款日记账和明细分类账的余额同有关总分类账的余额核对相符 7. 期末，根据总分类账和明细分类账的记录，编制会计报表
特点	直接根据记账凭证逐笔登记总分类账。它是最基本的账务处理程序，其他各种账务处理程序基本上是在这种账务处理程序的基础上发展和演变而形成的
优点	1. 会计核算组织程序简单明了，易于理解和掌握 2. 总分类账详细地反映了经济业务的发生情况，便于对经济业务的分析和检查 3. 账户之间的对应关系比较清晰，便于核对和检查账目
缺点	1. 根据记账凭证逐笔登记总分类账，登记总账的工作量很大 2. 不便于对会计工作进行分工 3. 总分类账与库存现金日记账、银行存款日记账明显地表现为重复登记
适用范围	一般适用于规模小、经济业务量少、日常编制记账凭证的数量不多的单位

表 3　　　　**第三节　汇总记账凭证账务处理程序**

项目	汇总记账凭证账务处理程序
概念	根据原始凭证或汇总原始凭证编制记账凭证，定期根据记账凭证分类编制汇总收款凭证、汇总付款凭证和汇总转账凭证，再根据汇总记账凭证登记总分类账的一种账务处理程序

表3(续)

凭证组织	适合采用专用记账凭证，专用记账凭证包括收款凭证，付款凭证和转账凭证，同时还应设置汇总收款凭证、汇总付款凭证和汇总转账凭证
账簿组织	1. 日记账。主要是库存现金日记账、银行存款日记账，一般采用三栏式订本账 2. 明细分类账。一般采用三栏式、数量金额式、多栏式的活页账或卡片账 3. 总分类账。一般采用三栏式的订本账
步骤	1. 根据原始凭证编制汇总原始凭证 2. 根据原始凭证或汇总原始凭证，编制收款凭证、付款凭证和转账凭证，也可采用通用的记账凭证 3. 根据收款凭证、付款凭证逐笔登记现金日记账和银行存款日记账 4. 根据原始凭证、汇总原始凭证和记账凭证，登记各种明细分类账 5. 根据各种记账凭证编制有关汇总记账凭证 6. 根据各种汇总记账凭证登记总分类账 7. 期末，现金日记账、银行存款日记账和明细分类账的余额同有关总分类账的余额核对相符 8. 期末，根据总分类账和明细分类账的记录，编制会计报表
特点	先定期将记账凭证汇总编制成各种汇总记账凭证，然后根据各种汇总记账凭证登记总分类账。汇总记账凭证账务处理程序是在记账凭证账务处理程序的基础上发展起来的
优点	1. 汇总记账凭证账务处理程序减轻了登记总分类账的工作量 2. 由于按照账户对应关系汇总编制记账凭证，便于了解账户之间的对应关系
缺点	1. 按每一贷方科目编制汇总转账凭证，不利于会计核算的日常分工 2. 当转账凭证较多时，编制汇总转账凭证的工作量较大
适用范围	适用于规模较大、经济业务较多的单位
汇总记账凭证的编制方法	为反映账户之间的对应关系，在编制汇总记账凭证时，汇总收款凭证须按照借方科目设置；相反，汇总付款凭证和汇总转账凭证须按照贷方科目设置。因此，在此种记账程序中，一般情况下不能编制贷方有多个对应账户的转账凭证，即只能编制一贷一借或一贷多借的记账凭证，而不能相反。这样既反映了经营过程中各种存量的变动情况，又与单位资金运动的方向相一致。汇总记账凭证一般定期汇总，按月编制
与其他程序的区别	在记账凭证和总分类账之间增加了汇总记账凭证

表 4

第四节　科目汇总表账务处理程序

项目	科目汇总表账务处理程序
概念	科目汇总表账务处理程序又称记账凭证汇总表账务处理程序，它是根据记账凭证定期编制科目汇总表，再根据科目汇总表登记总分类账的一种账务处理程序
凭证组织	可以采用通用记账凭证，也可以采用专用记账凭证
账簿组织	1. 日记账。主要是库存现金日记账、银行存款日记账，一般采用三栏式订本账 2. 明细分类账。一般采用三栏式、数量金额式、多栏式的活页账或卡片账 3. 总分类账。一般采用三栏式的订本账

表4(续)

步骤	1. 根据原始凭证编制汇总原始凭证 2. 根据原始凭证或汇总原始凭证，编制收款凭证、付款凭证和转账凭证，也可采用通用的记账凭证 3. 根据收款凭证、付款凭证逐笔登记现金日记账和银行存款日记账 4. 根据原始凭证、汇总原始凭证和记账凭证登记各种明细分类账 5. 根据各种记账凭证编制科目汇总表 6. 根据科目汇总表登记总分类账 7. 期末，现金日记账、银行存款日记账和明细分类账的余额同有关总分类账的余额核对相符 8. 期末，根据总分类账和明细分类账的记录，编制会计报表
特点	先定期把全部记账凭证按科目汇总，编制科目汇总表，然后根据科目汇总表登记总分类账
优点	1. 科目汇总表账务处理程序减轻了登记总分类账的工作量 2. 可做到试算平衡 3. 简明易懂，方便易学 4. 有利于对会计工作分工
缺点	科目汇总表不能反映账户对应关系，不便于查对账目
适用范围	适用于经济业务较多的单位
科目汇总表编制方法	编制科目汇总表时，首先应将汇总期内各项交易或事项所涉及的总账科目填列在科目汇总表的“会计科目”栏内；其次，根据汇总期内所有记账凭证，按会计科目分别加计其借方发生额和贷方发生额，将其汇总金额填列在各相应会计科目的“借方”和“贷方”栏内。按会计科目汇总后，应分别加总全部会计科目“借方”和“贷方”发生额，进行试算平衡 科目汇总表可以每月分次汇总，为了方便凭证的装订每次汇总的凭证不宜过多，每月按业务量不同汇总的次数也不同。科目汇总表也可每旬汇总一次，每月编制一张
与其他程序的区别	在记账凭证和总分类账之间增加了科目汇总表

练习题

一、单项选择题

1. 直接根据记账凭证逐笔登记总分类账的账务处理程序是（　　）。

A. 记账凭证账务处理程序　　B. 日记总账账务处理程序

C. 科目汇总表账务处理程序　　D. 汇总记账凭证账务处理程序

2. 下列属于记账凭证账务处理程序优点的是（　　）。

A. 总分类账反映较详细　　B. 有利于会计核算的日常分工

C. 减轻了登记总分类账的工作量　　D. 便于核对账目和进行试算平衡

3. 汇总记账凭证账务处理程序与科目汇总表账务处理程序的相同点是（　　）。

A. 登记总账的依据相同　　B. 记账凭证的汇总方法相同

C. 保持了账户间的对应关系　　D. 简化了登记总分类账的工作量

4. 关于汇总记账凭证账务处理程序，下列表述中错误的是（　　）。

A. 根据汇总记账凭证登记总账

B. 根据记账凭证定期编制汇总记账凭证

C. 根据原始凭证或汇总原始凭证登记总账

D. 汇总转账凭证应当按照每一账户的贷方分别设置，并按其对应的借方账户归类汇总

5. 下列属于汇总记账凭证账务处理程序主要缺点的是（　　）。

A. 登记总账的工作量较大　　B. 不便于进行账目的核对

C. 不便于体现账户间的对应关系　　D. 编制汇总转账凭证的工作量较大

6. 在各种不同账务处理程序中，不能作为登记总账依据的是（　　）。

A. 记账凭证　　B. 科目汇总表

C. 汇总原始凭证　　D. 汇总记账凭证

7. 编制汇总记账凭证时，正确的处理方法是（　　）。

A. 汇总转账凭证按每一账户的借方设置，并按其对应的贷方账户归类汇总

B. 汇总转账凭证按每一账户的贷方设置，并按其对应的借方账户归类汇总

C. 汇总付款凭证按库存现金、银行存款账户的借方设置，并按其对应的贷方账户归类汇总

D. 汇总收款凭证按库存现金、银行存款账户的贷方设置，并按其对应的借方账户归类汇总

8. 科目汇总表定期汇总的是（　　）。

A. 每一账户的本期借方发生额　　B. 每一账户的本期贷方发生额

C. 每一账户的本期借、贷方余额　　D. 每一账户的本期借、贷方发生额

9. 下列属于科目汇总表账务处理程序优点的是（　　）。

A. 便于进行试算平衡　　B. 便于检查核对账目

C. 便于分析和检查经济业务　　D. 便于反映各账户的对应关系

10. 关于科目汇总表账务处理程序，下列表述中正确的是（　　）。

A. 登记总账的直接依据是记账凭证

B. 登记总账的直接依据是科目汇总表

C. 编制会计报表的直接依据是科目汇总表

D. 与记账凭证账务处理程序相比较，增加了一道编制汇总记账凭证的程序

11. 下列属于汇总记账凭证账务处理程序优点的是（　　）。

A. 便于进行分工核算　　B. 总分类账户反映较详细

C. 简化了编制凭证的工作量　　D. 便于了解账户间的对应关系

12. 以下项目中，属于科目汇总表账务处理程序缺点的是（　　）。

A. 不便于检查核对账目　　B. 不便于进行试算平衡

C. 增加了登记总分类账的工作量　　D. 增加了会计核算的账务处理程序

13. 汇总转账凭证编制的依据是（　　）。

A. 原始凭证　　B. 收款凭证

C. 付款凭证　　D. 转账凭证

14. 记账凭证账务处理程序和汇总记账凭证账务处理程序的主要区别是（　　）。

A. 记账方法不同　　B. 记账程序不同

C. 凭证及账簿组织不同　　D. 登记总账的依据和方法不同

15. 适用于规模较小、业务量不多的单位的账务处理程序是（　　）。

A. 记账凭证账务处理程序　　B. 科目汇总表账务处理程序

C. 汇总记账凭证账务处理程序　　D. 多栏式日记账账务处理程序

16. 关于汇总记账凭证账务处理程序，下列表述正确的是（　　）。

A. 登记总账的工作量大　　B. 明细账与总账无法核对

C. 不能体现账户之间的对应关系　　D. 汇总记账凭证的编制较为烦琐

17. 下列属于记账凭证账务处理程序缺点的是（　　）。

A. 方法不易掌握　　B. 不便于会计合理分工

C. 不能体现账户的对应关系　　D. 登记总账的工作量较大

二、多项选择题

1. 记账凭证账务处理程序、汇总记账凭证账务处理程序和科目汇总表账务处理程序应共同遵循的程序有（　　）。

A. 根据记账凭证逐笔登记总分类账

B. 根据总分类账和明细分类账的记录，编制会计报表

C. 根据原始凭证、汇总原始凭证和记账凭证登记各种明细分类账

D. 期末，库存现金日记账、银行存款日记账和明细分类账的余额与有关总分类账的余额核对相符

2. 下列项目中，属于科学、合理地选择适用于本单位的账务处理程序的意义有（　　）。

A. 有利于增强会计信息可靠性　　B. 有利于提高会计信息的质量

C. 有利于会计工作程序的规范化　　D. 有利于保证会计信息的及时性

3. 常用的账务处理程序主要有（　　）。

A. 记账凭证账务处理程序　　B. 日记总账账务处理程序

C. 科目汇总表账务处理程序　　D. 汇总记账凭证账务处理程序

4. 适用于生产经营规模较大、业务较多企业的账务处理程序有（　　）。

A. 记账凭证账务处理程序　　B. 科目汇总表账务处理程序

C. 汇总记账凭证账务处理程序　　D. 多栏式日记账账务处理程序

5. 以下属于记账凭证账务处理程序优点的有（　　）。

A. 简单明了、易于理解

B. 减轻了登记总分类账的工作量

C. 便于进行会计科目的试算平衡

D. 总分类账可较详细地记录经济业务发生情况

6. 下列属于汇总记账凭证账务处理程序特点的有（　　）。

A. 根据汇总记账凭证登记总账

B. 根据原始凭证编制汇总原始凭证

C. 根据记账凭证定期编制科目汇总表

D. 根据记账凭证定期编制汇总记账凭证

7. 以下属于汇总记账凭证账务处理程序优点的有（　　）。

A. 能保持账户间的对应关系　　B. 便于会计核算的日常分工

C. 能减少登记总账的工作量　　D. 能起到入账前的试算平衡作用

8. 各种账务处理程序下，登记明细账的依据可能有（　　）。

A. 原始凭证　　B. 记账凭证

C. 汇总原始凭证　　D. 汇总记账凭证

9. 在记账凭证账务处理程序下，不可以作为登记总账直接依据的有（　　）。

A. 原始凭证　　B. 记账凭证

C. 汇总原始凭证　　D. 汇总记账凭证

10. 在不同的账务处理程序下，登记总账的依据可以有（　　）。

A. 记账凭证　　B. 科目汇总表

C. 汇总记账凭证　　D. 汇总原始凭证

11. 账务处理程序包括的组织过程主要有（　　）。

A. 会计凭证　　B. 会计分录

C. 会计账簿　　D. 会计报表

12. 不同账务处理程序的相同之处有（　　）。

A. 编制记账凭证的直接依据相同　　B. 编制会计报表的直接依据相同

C. 登记总分类账簿的直接依据相同　　D. 登记明细分类账簿的直接依据相同

13. 不论哪种账务处理程序，在编制会计报表之前，要进行的对账工作有（　　）。

A. 用试算平衡法核对总账　　B. 明细分类账与总分类账的核对

C. 银行存款日记账与总分类账的核对　　D. 库存现金日记账与总分类账的核对

14. 在科目汇总表账务处理程序下，月末应与总分类账进行核对的有（　　）。

A. 备查账　　B. 明细分类账

C. 银行存款日记账　　D. 库存现金日记账

15. 以下属于汇总记账凭证账务处理程序优点的有（　　）。

A. 手续简便　　B. 简化总账登记

C. 反映内容详细　　D. 能反映账户对应关系

16. 下列属于科目汇总表账务处理程序优点的有（　　）。

A. 反映内容详细　　B. 简化总账登记

C. 便于试算平衡　　D. 能反映账户对应关系

17. 在科目汇总表账务处理程序下，不能作为登记总账直接依据的有（　　）。

A. 原始凭证　　B. 记账凭证

C. 科目汇总表　　D. 汇总原始凭证

18. 下列项目可以根据记账凭证汇总编制的有（　　）。

A. 科目汇总表　　B. 汇总付款凭证

C. 发出材料汇总表　　D. 汇总转账凭证

19. 在汇总记账凭证账务处理程序下，月末应与总账核对的内容有（　　）。

A. 明细账　　B. 会计报表

C. 辅助账　　　　　　　　　　　　　　　　D. 银行存款日记账

20. 关于记账凭证汇总表，下列表述正确的有（　　）。

A. 可以简化总分类账的登记工作

B. 记账凭证汇总表是一种记账凭证

C. 记账凭证汇总表能起到试算平衡的作用

D. 记账凭证汇总表保留了账户之间的对应关系

21. 在科目汇总表账务处理程序下，记账凭证的用处有（　　）。

A. 编制科目汇总表　　　　　　　　　　　B. 登记总分类账

C. 登记明细分类账　　　　　　　　　　　D. 登记库存现金日记账

22. 在各种账务处理程序下，会计报表的依据有（　　）。

A. 日记账　　　　　　　　　　　　　　　B. 总分类账

C. 明细分类账　　　　　　　　　　　　　D. 备查账

23. 对于汇总记账凭证账务处理程序，下列说法错误的有（　　）。

A. 登记总账的工作量大　　　　　　　　　B. 明细账与总账无法核对

C. 不能体现账户之间的对应关系　　　　　D. 汇总记账凭证的编制较为烦琐

24. 在常见的账务处理程序中，共同的账务处理工作有（　　）。

A. 均应编制记账凭证　　　　　　　　　　B. 均应设置和登记总账

C. 均应填制汇总记账凭证　　　　　　　　D. 均应填制或取得原始凭证

25. 汇总记账凭证的编制依据有（　　）。

A. 收款凭证　　　　　　　　　　　　　　B. 原始凭证

C. 付款凭证　　　　　　　　　　　　　　D. 转账凭证

三、判断题

1. 各种账务处理程序的主要区别在于登记总账的依据和方法不同。（　　）

2. 汇总记账凭证账务处理程序适合规模小、业务量少的单位。（　　）

3. 科目汇总表账务处理程序能科学地反映账户的对应关系，且便于账目核对。（　　）

4. 汇总转账凭证按库存现金、银行存款账户的借方设置，并按其对应的贷方账户归类汇总。（　　）

5. 汇总记账凭证账务处理程序既能保持账户的对应关系，又能减轻登记总分类账的工作量。（　　）

6. 汇总记账凭证能反映账户的对应关系。（　　）

7. 各个企业的业务性质、组织规模、管理上的要求不同，企业应根据自身的特点，制定出恰当的会计账务处理程序。（　　）

8. 不同的凭证、账簿组织以及与之相适应的记账程序和方法相结合，构成不同的账务处理程序。（　　）

9. 记账凭证账务处理程序的主要特点就是直接根据各种记账凭证登记总账。（　　）

10. 科目汇总表账务处理程序的主要特点是根据科目汇总表填制报表。（　　）

11. 汇总记账凭证账务处理程序就是根据原始凭证或汇总原始凭证编制记账凭证，据以登记总账的账务处理程序。（　　）

12. 记账凭证账务处理程序一般适用于规模大、业务复杂、凭证较多的单位。（ ）

13. 科目汇总表账务处理程序不能反映科目对应关系，因而不便于分析经济业务的来龙去脉，不便于查对账目。（ ）

14. 科目汇总表不仅可以减轻登记总分类账的工作量，还可以起到试算平衡作用，从而保证总账登记的正确性。（ ）

15. 科目汇总表账务处理程序只适用于经济业务不太复杂的中小型单位。（ ）

16. 记账凭证账务处理程序主要特点是将记账凭证分为收、付、转三种记账凭证。（ ）

17. 会计报表是根据总分类账、明细分类账和日记账的记录定期编制的。（ ）

18. 记账凭证是登记各种账簿的唯一依据。（ ）

19. 无论采用哪种账务处理程序，企业编制会计报表的依据都是相同的。（ ）

20. 科目汇总表可以反映账户之间的对应关系，但不能起到试算平衡的作用。（ ）

21. 采用科目汇总表账务处理程序，总账、明细账和日记账都应根据科目汇总表登记。（ ）

22. 科目汇总表账务处理程序与汇总记账凭证账务处理程序的适用范围是完全相同的。（ ）

23. 库存现金日记账和银行存款日记账不论在何种账务处理程序下，都是根据收款凭证和付款凭证逐日逐笔顺序登记的。（ ）

24. 账务处理程序就是指记账程序。（ ）

25. 同一企业可以同时采用几种不同的账务处理程序。（ ）

26. 各种账务处理程序的不同之处在于登记明细账的直接依据不同。（ ）

27. 汇总记账凭证账务处理程序的缺点在于保持账户之间的对应关系。（ ）

28. 原始凭证可以作为登记各种账簿的直接依据。（ ）

29. 在各种账务处理程序下，其登记库存现金日记账的直接依据都是相同的。（ ）

30. 汇总记账凭证和科目汇总表编制的方法相同。（ ）

参考答案

一、单项选择题

1. A	2. A	3. D	4. C	5. D	6. C
7. B	8. D	9. A	10. B	11. D	12. A
13. D	14. D	15. A	16. D	17. D	

二、多项选择题

1. BCD	2. ABCD	3. ACD	4. BC	5. AD	6. AD

7. AC	8. ABC	9. ACD	10. ABC	11. ACD	12. ABD
13. ABCD	14. BCD	15. BD	16. BC	17. ABD	18. ABD
19. AD	20. ABC	21. ACD	22. BC	23. ABC	24. ABD
25. ACD					

三、判断题

1. √	2. ×	3. ×	4. ×	5. √	6. √
7. √	8. √	9. √	10. ×	11. ×	12. ×
13. √	14. √	15. ×	16. ×	17. ×	18. ×
19. √	20. ×	21. ×	22. ×	23. ×	24. ×
25. ×	26. ×	27. ×	28. ×	29. √	30. ×

第十章 账户体系

要点总览

- 账户分类的意义
- 账户按用途结构分类的账户体系
  - 资本类账户：用途结构、范围、特点
  - 盘存类账户：用途结构、范围、特点
  - 结算类账户：用途结构、范围、特点
  - 调整类账户：用途结构、范围、特点
  - 跨期摊销类账户：用途结构、范围、特点
  - 计价对比类账户：用途结构、范围、特点
  - 集合分配类账户：用途结构、范围、特点
  - 成本计算类账户：用途结构、范围、特点
  - 汇转类账户：用途结构、范围、特点
  - 财务成果类账户：用途结构、范围、特点
  - 暂记类账户：用途结构、范围、特点
- 账户按经济内容分类的账户体系
  - 资产类账户：含义、内容
  - 负债类账户：含义、内容
  - 共同类账户：含义、内容
  - 所有者权益类账户：含义、内容
  - 成本类账户：含义、内容
  - 损益类账户：含义、内容
- 账户按提供指标的详细程度分类的账户体系
  - 总分类账户：含义、内容
  - 明细分类账户：含义、内容
- 账户按照期末是否有余额分类的账户体系
  - 实账户：含义、内容
  - 虚账户：含义、内容
- 账户按照所列入的会计报表不同进行分类的账户体系
  - 资产负债表账户：含义、内容
  - 利润表账户：含义、内容

重点难点

重点：账户按用途结构分类的账户体系
- 每类账户的用途、结构
- 每类账户的范围
- 每类账户的特点

难点
- 结算类账户：用途结构、范围、特点
- 调整类账户：用途结构、范围、特点
- 集合分配类账户：用途结构、范围、特点
- 成本计算类账户：用途结构、范围、特点
- 汇转类账户：用途结构、范围、特点
- 财务成果类账户：用途结构、范围、特点

知识点梳理

表 1　　一、账户分类的意义

账户分类的意义	1. 账户分类是全面认识和了解账户所反映内容的基础 2. 账户分类是进一步了解各个账户内容之间联系和区别的关键 3. 账户分类有助于深入了解各会计要素的经济内容 4. 账户分类体现了账户之间既相互独立又相互补充的关系

表 2　　二、账户按照用途结构分类形成的账户体系

账户按用途和结构的分类		范围
（一）资本类账户	1. 用途	用来核算和监督企业投资者投入的资本和资本发生增减变动及结存情况的账户
	2. 结构	贷增借减，余额一般在贷方
	3. 特点	（1）能够在一定程度上反映企业的经营规模和持续经营能力 （2）只能提供价值量核算指标
	4. 范围	实收资本、资本公积、盈余公积
（二）盘存类账户	1. 用途	用来核算和监督企业各项财产物资和货币资金增减变动及结存情况的账户
	2. 结构	借增贷减，余额一般在借方
	3. 特点	（1）能够通过盘点确定结存数 （2）一般能提供实物和价值两种核算指标
	4. 范围	库存现金、银行存款、原材料、库存商品、固定资产

表2(续)

账户按用途和结构的分类		范围
（三）结算类账户	债权结算类账户	（1）用途：用来核算和监督债权企业与各个债务单位或个人之间结算业务的账户
		（2）结构：借增贷减，余额一般在借方
		（3）范围：应收账款、应收票据、预付账款、其他应收款
	债务结算类账户	（1）用途：用来核算和监督债务企业与各个债权单位或个人之间结算业务的账户
		（2）结构：贷增借减，余额一般在贷方
		（3）范围：应付账款、应付票据、其他应付款、预收账款、应付职工薪酬、应交税费
	债权债务结算类账户	（1）用途：用来核算和监督企业与某一个单位或个人之间发生的债权或债务往来结算业务的账户
		（2）结构：借方记录债权的增加数额和债务的减少数额；贷方记录债权的减少数额和债务的增加数额；期末余额有时在借方，有时在贷方
		（3）范围：应收账款、预付账款、应付账款、预收账款等
（四）调整类账户	抵减（备抵）类账户	（1）用途：用来抵减被调整账户的余额，以便得出被调整账户的实际数额的账户
		（2）结构：贷增借减，余额一般在贷方
		（3）范围：累计折旧、坏账准备、存货跌价准备、利润分配
	附加类账户	（1）用途：用来增加被调整账户的余额，以便得出被调整账户实际数额的账户
		（2）结构：与被调整账户的结构相同，余额方向相同
		（3）范围：应付债券——债券溢价
	抵减（备抵）附加类账户	（1）用途：既可以用来抵减又可以用来增加被调整账户的余额，以便得出被调整账户实际数额的账户
		（2）结构：兼有两种账户的结构
		（3）范围：材料成本差异
（五）跨期摊销类账户	1. 用途	用来核算和监督企业已经发生但是应该根据权责发生制在几个会计期间进行摊销的有关费用的账户
	2. 结构	借方记录实际支付的费用，贷方记录每期摊销的费用，借方余额表示尚未摊销的费用
	3. 特点	（1）充分体现了收入与费用的配比 （2）只能提供价值量核算指标
	4. 范围	长期待摊费用

表2(续)

账户按用途和结构的分类		范围
(六) 计价对比类账户	1. 用途	用来核算和监督企业经营过程中某项经济业务按照两种不同的计价标准进行对比，以便确定业务结果的账户
	2. 结构	借方登记实际成本，贷方登记计划成本
	3. 特点	(1) 借贷两方采用的计价标准不同，可以考核所采用的计价方式的合理性 (2) 明细分类核算可以提供价值量核算指标，也可以根据需要提供实物量核算指标
	4. 范围	材料采购
(七) 集合分配类账户	1. 用途	用来归集企业在一定会计期间发生的有关费用，然后在会计期末按适当的方法将所归集的费用分配计入相关成本计算对象的账户
	2. 结构	借方登记有关费用的发生数额，贷方登记费用的分配数额，期末分配后一般没有余额
	3. 特点	(1) 对一定会计期间发生的有关费用先归集后分配，期末分配后无余额 (2) 是涉及产品成本计算的基本账户 (3) 只提供价值量核算指标
	4. 范围	制造费用
(八) 成本计算类账户	1. 用途	用来核算和监督企业在一定会计期间所发生的有关费用，并按适当方法计算确定各有关成本计算对象实际成本的账户
	2. 结构	借方登记生产产品发生的有关费用，贷方登记完工转出的费用，期末余额在借方，表示在产品成本
	3. 特点	(1) 先归集后计算转出 (2) 若有期末余额则具有盘存类账户的性质 (3) 可以提供价值量和实物量核算指标
	4. 范围	生产成本、材料采购、在建工程、劳务成本
(九) 暂记类账户	1. 用途	用来核算与监督企业在财产清查等经济活动中发现的盘盈、盘亏和毁损在尚未查明原因前暂时运用以保证账实相符的账户
	2. 结构	具有双重性质
	3. 特点	(1) 平时可以有余额，但年末应无余额 (2) 可以提供价值量和实物量核算指标
	4. 范围	待处理财产损溢

表2(续)

账户按用途和结构的分类		范围
(十)汇转类账户	收益汇转类账户	(1)用途:用来汇集和结转企业在某一期间内从事经营活动或其他活动的某种收入的账户
		(2)结构:贷增借减
		(3)范围:主营业务收入、其他业务收入、营业外收入、投资收益
	费用汇转类账户	(1)用途:用来汇集和结转企业在某一期间内从事经营活动或其他活动的某种费用或损失的账户
		(2)结构:借增贷减
		(3)范围:主营业务成本、其他业务成本、税金及附加、销售费用、管理费用、财务费用、所得税费用、营业外支出
	汇转类账户的特点	(1)先汇集后结转到“本年利润”账户,期末结转后各损益类账户无余额 (2)是涉及财务成果形成的基本账户 (3)只提供价值量核算指标
(十一)财务成果类账户	1. 用途	用来核算和监督企业一定会计期间全部生产经营活动最终成果的账户
	2. 结构	贷方登记各项收入、利得的转入金额,借方登记各项费用、损失的转入金额,期末贷方余额表示盈利,借方余额则表示亏损
	3. 特点	(1)是连接收入和费用类账户的纽带 (2)年末结转后无余额 (3)只提供价值量核算指标
	4. 范围	本年利润

表3　**三、账户按照经济内容分类形成的账户体系**

账户按经济内容的分类	范围
(一)资产类账户	库存现金、银行存款、应收账款、其他应收款、应收票据、长期应收款、预付账款、原材料、库存商品、固定资产、累计折旧、固定资产清理、无形资产、待处理财产损溢、长期待摊费用、长期股权投资、债权投资等
(二)负债类账户	短期借款、应付账款、应付票据、其他应付款、预收账款、应付职工薪酬、应交税费、应付利息、长期借款、应付债券、长期应付款等
(三)共同类	衍生工具、套期工具、被套期项目
(四)所有者权益类账户	实收资本、资本公积、盈余公积、本年利润、利润分配
(五)成本类账户	生产成本、制造费用
(六)损益类账户	主营业务收入、主营业务成本、税金及附加、其他业务收入、其他业务成本、管理费用、销售费用、财务费用、投资收益、营业外收入、营业外支出、所得税费用

表4　　四、账户按照提供指标的详细程度分类形成的账户体系

账户按提供指标详细程度的分类	范围
（一）总分类账户	库存现金、银行存款、应收账款、其他应收款、应收票据、长期应收款、预付账款、原材料、库存商品、固定资产、累计折旧、固定资产清理、无形资产、待处理财产损溢、长期待摊费用、长期股权投资、持有至到期投资、短期借款、应付账款、应付票据、其他应付款、预收账款、应付职工薪酬、应交税费、应付利息、长期借款、应付债券、长期应付款、实收资本、资本公积、盈余公积、本年利润、利润分配、生产成本、制造费用、主营业务收入、主营业务成本、税金及附加、其他业务收入 其他业务成本、管理费用、销售费用、财务费用、投资收益、营业外收入、营业外支出、所得税费用等
（二）明细分类账户	明细账户主要是为了满足企内部管理需要，设置灵活，不像会计科目那样具有很强的规范性，因此不能一一列举，仅举几例进行说明 “银行存款”账户可按货币种类以不同的开户银行和账号设置明细账 “原材料”账户可按不同的品种、规格、型号等设置明细账 “应收账款”账户可按不同的债务人设置明细账 “应付账款”账户可按不同的债权人设置明细账

表5　　五、账户按照期末是否有余额分类形成的账户体系

账户按期末是否有余额的分类	范围
（一）实账户	资产类账户，如库存现金、银行存款、应收账款、其他应收款、应收票据、预付账款、原材料、库存商品、固定资产、累计折旧、无形资产、待处理财产损溢、长期待摊费用等 负债类账户，如短期借款、应付账款、应付票据、其他应付款、预收账款、应付职工薪酬、应交税费、应付利息、长期借款等 所有者权益类账户，如实收资本、资本公积、盈余公积、本年利润、利润分配等 成本类账户，如生产成本、制造费用等
（二）虚账户	损益类账户，如主营业务收入、主营业务成本、税金及附加、其他业务收入、其他业务成本、管理费用、销售费用、财务费用、投资收益、营业外收入、营业外支出、所得税费用等

表6　　六、账户按照所列入的会计报表的不同分类形成的账户体系

账户按所列入的会计报表不同的分类	范围
（一）资产负债表账户	资产类账户、负债类账户、所有者权益类账户、成本类账户
（二）利润表账户	损益类账户

练习题

一、单项选择题

1. 用来核算和监督企业各项财产物资和货币资金增减变动及结存情况的账户是

(　　)。

A. 盘存账户　　B. 资本账户

C. 暂记类账户　　D. 成本计算类账户

2. 资本类账户能够提供的核算指标是（　　）。

A. 价值量　　B. 实物量

C. 劳动量　　D. 价值量和劳动量

3. 下列属于利润表账户的是（　　）。

A. 制造费用　　B. 财务费用

C. 生产成本　　D. 长期待摊费用

4. 债务结算账户的贷方登记的内容是（　　）。

A. 债务的减少数　　B. 债务的增加数

C. 债权的减少数　　D. 债权的增加数

5. 对“固定资产”账户进行调整的账户是（　　）。

A. 在建工程　　B. 生产成本

C. 累计折旧　　D. 固定资产清理

6. 下列账户中属于抵减附加类账户的是（　　）。

A. 制造费用　　B. 库存商品

C. 应收账款　　D. 材料成本差异

7. 下列账户中属于所有者权益类账户的是（　　）。

A. 利润分配　　B. 投资收益

C. 营业外收入　　D. 所得税费用

8. 下列账户中属于盘存类账户的是（　　）。

A. 原材料　　B. 应收票据

C. 应付票据　　D. 实收资本

9. 下列账户中属于成本计算类账户的是（　　）。

A. 固定资产　　B. 生产成本

C. 长期待摊费用　　D. 主营业务成本

10. 下列属于计价对比类账户的是（　　）。

A. 库存商品　　B. 无形资产

C. 材料采购　　D. 主营业务收入

11. 下列属于跨期摊销类账户的是（　　）。

A. 应付利息　　B. 财务费用

C. 管理费用　　D. 长期待摊费用

12. 债权结算账户的贷方登记的内容是（　　）。

A. 债务的减少数　　B. 债务的增加数

C. 债权的减少数　　D. 债权的增加数

13. 调整账户与被调整账户所反映的经济内容是（　　）。

A. 相同的　　B. 不同的

C. 原始数据　　D. 调整后的实际数据

14. 下列账户不属于按用途结构分类的是（　　）。

A. 损益类账户　　B. 调整类账户

C. 财务成果类账户　　D. 集合分配类账户

15. 下列账户不属于按经济内容分类的是（　　）。

A. 成本类账户　　B. 负债类账户

C. 结算类账户　　D. 资产类账户

二、多项选择题

1. 下列属于汇转类账户的有（　　）。

A. 管理费用　　B. 财务费用

C. 其他业务收入　　D. 税金及附加

2. 下列属于结算类账户的有（　　）。

A. 附加类账户　　B. 债务结算类账户

C. 债权结算类账户　　D. 债权债务结算类账户

3. 下列只能提供价值量核算指标的有（　　）。

A. 盘存类账户　　B. 结算类账户

C. 汇转类账户　　D. 财务成果类账户

4. 下列关于抵减类调整账户与被调整账户的说法中，正确的有（　　）。

A. 二者结构相同　　B. 二者结构相反

C. 二者余额方向相同　　D. 二者余额方向相反

5. 下列属于资产负债表账户的有（　　）。

A. 短期借款　　B. 预付账款

C. 制造费用　　D. 销售费用

6. 下列账户中属于调整类账户的有（　　）。

A. 坏账准备　　B. 累计折旧

C. 固定资产　　D. 应收账款

7. 下列账户属于按用途结构分类的有（　　）。

A. 成本类账户　　B. 资产类账户

C. 资本类账户　　D. 成本计算类账户

8. 下列有关成本计算类账户的表述中，正确的有（　　）。

A. 借方登记转出的已经完工的成本计算对象的实际成本

B. 贷方登记转出的已经完工的成本计算对象的实际成本

C. 借方登记某一特定成本计算对象在生产过程中所发生的有关费用

D. 贷方登记某一特定成本计算对象在生产过程中所发生的有关费用

9. 下列关于费用汇转类账户结构的说法，正确的有（　　）。

A. 借方登记一定会计期间的费用数

B. 借方登记一定会计期间的损失数

C. 贷方登记期末转入“本年利润”账户的费用数

D. 贷方登记期末转入“本年利润”账户的损失数

10. 下列关于财务成果类账户结构的说法，正确的有（　　）。

A. 借方登记各项费用、损失的发生额

B. 贷方登记各项收入、利得的发生额

C. 借方登记各项费用、损失的转入金额

D. 贷方登记各项收入、利得的转入金额

三、判断题

1. 附加类调整账户与被调整账户结构相同。（　　）

2. 账户按照期末是否有余额进行分类，可分为实账户和虚账户。（　　）

3. 账户按所列入的会计报表不同进行分类，可分为资产负债表账户和利润表账户。（　　）

4. “应收账款”账户既属于资产类账户，也属于结算类账户。（　　）

5. “本年利润”账户属于计价对比类账户。（　　）

6. “主营业务成本”账户期末结转后无余额，属于虚账户。（　　）

7. “应收账款”账户可以按照不同的债权人设置明细账。（　　）

8. “管理费用”账户都属于集合分配类账户。（　　）

9. 资本类账户能够在一定程度上反映企业的经营规模和持续经营能力。（　　）

10. 成本计算类账户若有期末余额则具有盘存类账户的性质。（　　）

参考答案

一、单项选择题

1. A	2. A	3. B	4. B	5. C	6. D
7. A	8. A	9. B	10. C	11. D	12. C
13. A	14. A	15. C			

二、多项选择题

1. ABCD	2. BCD	3. BCD	4. BD	5. ABC	6. AB
7. CD	8. BC	9. ABCD	10. CD		

三、判断题

1. √	2. √	3. √	4. √	5. ×	6. √
7. ×	8. ×	9. √	10. √		

第十一章 会计工作组织

要点总览

- 会计机构的设置
  - 各级主管部门会计机构的设置：会计司、会计处等
  - 企事业单位会计机构的设置
    - 单独设置会计机构
    - 在有关机构中设置专职会计人员
    - 实行代理记账
- 会计工作岗位设置—— 按需设置、符合内部牵制制度要求、建立轮岗制度
- 会计人员
  - 会计人员的职责权限
  - 总会计师
  - 会计人员的人员选拔
  - 会计人员应具备的素质
    - 专业素质
    - 会计职业道德
- 会计规范体系
  - 会计法律：全国人民代表大会及其常务委员会制定
  - 会计行政法规：国务院制定发布
  - 会计部门规章：财政部发布
  - 地方性会计法规：地方人大或常委会制定
  - 内部会计管理制度：各单位制定
  - 会计职业道德规范
- 会计档案管理
  - 会计档案的内容
  - 会计档案的归档与移交
  - 会计档案的查阅使用
  - 会计档案的保管期限
  - 会计档案的销毁
- 会计工作交接
  - 工作交接范围
  - 交接程序

重点难点

重点：
- 会计机构的设置
- 会计人员的职责权限
- 会计人员的专业素质与会计职业道德
- 会计规范体系
- 会计档案管理

难点：
- 企事业单位会计机构的设置
- 会计人员的专业素质
- 会计规范体系

知识点梳理

表 1　　第一节　会计工作组织概述

一、会计工作组织的含义	会计工作组织是根据会计工作的特点，对会计机构的设置、会计人员的配备、会计规范的制定与执行，会计档案的保管以及会计交接等各项工作的统筹安排	
二、组织会计工作的意义	（一）有利于贯彻执行有关法律法规，维护社会主义市场经济秩序	
	（二）有利于保证会计工作质量和提高会计工作效率	
	（三）有利于完善企事业单位的内部经济责任制，加强内部管理	
	（四）有利于提高与其他经济管理工作的协调一致性	
三、组织会计工作的原则	（一）统一性原则	是指组织会计工作必须按照国家对会计工作的统一要求来进行
	（二）适应性原则	是指组织会计工作应适应各企事业单位自身经营管理的特点
	（三）效益性原则	是指组织会计工作时应在保证会计工作质量的前提下，节约人力物力，讲求经济效益
	（四）责任制和内部控制原则	是指组织会计工作时，对会计工作进行合理分工，遵循内部控制原则，建立和完善会计工作责任制，不同岗位的会计人员各司其职，并形成各方面相互牵制的机制，避免会计工作出现失误与舞弊

表 2　　第二节　会计机构

一、会计机构的设置	（一）各级主管部门会计机构的设置	我国财政部设置会计司，主管全国会计工作；地方财政部门、企业主管部门一般设置会计局、会计处等，主管本地区或本系统所属企业的会计工作
	（二）基层企事业单位会计机构的设置	1. 单独设置会计机构 2. 在有关机构中设置专职会计人员 3. 实行代理记账

表2(续)

二、会计工作岗位的设置	（一）会计工作岗位的含义	是指一个单位会计机构内部根据业务分工而设置的从事会计工作、办理会计事项的具体职能岗位
	（二）会计工作岗位设置的要求	1. 根据本单位会计业务的需要设置 2. 符合单位内部牵制制度的要求 3. 建立轮岗制度
	（三）主要会计工作岗位	一般可分为：总会计师（或行使总会计师职权）岗位；会计机构负责人或者会计主管人员岗位；出纳岗位；资金核算岗位；财产物资核算岗位；收入、支出、债权债务等核算岗位；工资核算岗位；成本费用核算岗位；财务成果核算岗位；总账岗位；对外财务会计报告编制岗位；会计电算化岗位；档案管理岗位；稽核岗位等

表3　　第三节　会计人员

一、会计人员的含义	会计人员通常是指在国家机关、事业单位、社会团体、企业和其他组织中从事会计工作的人员，包括会计机构负责人（会计主管人员）、会计师、会计员和出纳员等	
二、会计人员的职责和权限	（一）会计人员的主要职责	1. 制定本单位办理会计事务的具体办法 2. 进行会计核算，如实反映情况 3. 进行会计监督 4. 编制经济业务计划和财务预算，并考核、分析其执行情况
	（二）会计人员的主要权限	1. 会计人员有权履行其管理职能 2. 会计人员有权要求有关部门和人员认真执行计划和预算 3. 会计人员有监督权
三、总会计师	（一）总会计师的设置	国有的和国有资产占控股地位或者主导地位的大、中型企业必须设置总会计师
	（二）总会计师的任职条件与任免程序	
	（三）总会计师的职责和权限	
四、会计人员的选拔任用	1. 从事会计工作的人员应当具备从事会计工作所需要的专业 能力。担任会计机构负责人（会计主管人员）的，还应具备会计师以上专业技术职务资格或者从事会计工作三年以上的经历 2. 总会计师的任职条件之一是取得会计师专业技术资格后，主管一个单位或是单位内部一个重要方面的财务会计工作的时间不少于三年 3. 除总会计师由本单位主要行政领导人提名，政府主管部门任命或者聘任外，会计人员具备了相关资格或者是符合有关任职条件后，由所在单位自行决定其是否从事相关工作 4. 国有企事业单位会计人员实行回避制度	
五、会计人员应具备的素质	（一）会计专业素质	会计专业技术资格与职务
	（二）会计职业道德	爱岗敬业、诚实守信、廉洁自律、客观公正、坚持准则、提高技能、参与管理、强化服务

表 4 **第四节　会计规范体系**

一、我国会计规范体系的总体构成	（一）会计规范体系的构成	1. 会计法律规范 2. 会计准则制度和规范性文件 3. 会计职业道德
	（二）会计规范体系的作用	1. 为指导会计人员工作提供依据 2. 为评价会计行为提供了客观标准 3. 为维护社会经济秩序提供了重要保障
	（三）会计规范体系的特征	1. 统一性 2. 权威性 3. 科学性 4. 发展性与相对稳定性
二、我国会计规范体系的具体内容	（一）会计法律	全国人民代表大会及其常务委员会制定；效力最高；如《中华人民共和国会计法》《中华人民共和国注册会计师法》
	（二）会计行政法规	国务院发布；效力仅次于会计法律； 如《总会计师条例》《企业财务会计报告条例》
	（三）会计部门规章	财政部发布；效力低于会计法律、会计行政法规；如《企业会计准则》《会计基础工作规范》等
	（四）地方性会计法规	地方人大或常务委员会制定；在本地区范围内有效；如《××省会计管理条例》等
	（五）内部会计管理制度	各单位制定；在本单位范围内有效
	（六）会计职业道德规范	非强制力执行，有很强自律性

表 5 **第五节　会计档案管理和会计工作交接**

一、会计档案管理	（一）会计档案的内容	1. 会计档案的范围：会计凭证、会计账簿、财务会计报告、其他会计资料 2. 电子会计档案管理
	（二）会计档案的归档与移交	1. 定期将应归档的会计资料整理立卷，编制保管清册 2. 当年归档的会计资料一般于会计年度终了后一年内，向档案机构或档案工作人员进行移交。因工作需要确实需要推迟移交、仍由会计机构临时保管的，应当经档案机构或档案工作人员所属机构同意，且最多不超过三年 3. 办理会计档案移交时，应当编制会计档案移交清册，并按国家有关规定办理移交手续
	（三）会计档案的查阅使用	1. 在使用会计档案的过程中，严禁篡改和损坏会计档案 2. 单位保存的会计档案一般不得对外借出，确因特殊需要且根据国家有关规定必须借出的，应当严格按照规定办理相关手续
	（四）会计档案的保管期限	1. 会计档案的保管期限分为永久、定期两类。定期保管期限分为 10 年和 30 年两类 2. 会计档案的保管期限，从会计年度终了后第一天算起，该期限为最低保管期限
	（五）会计档案的销毁	1. 会计档案的销毁程序 2. 期满仍不能销毁的会计档案

表5(续)

二、会计工作交接	(一) 会计工作交接范围	会计人员调动工作或者离职，必须与接管人员办清交接手续
	(二) 会计工作交接程序	1. 提出移交申请 2. 做好办理移交手续前的准备工作 3. 按移交清册逐项移交 4. 由专人负责监交 5. 交接后的相关事宜
	(三) 会计交接人员的责任	移交人员应对所移交的会计凭证、会计账簿、财务会计报告和其他会计资料的真实性、完整性负责

练习题

一、单项选择题

1. 在我国，为了保证国有经济顺利有序、健康发展，在国有企事业单位中任用会计人员应实行的是（　　）。

A. 一贯制度　　B. 优先制度
C. 回避制度　　D. 领导制度

2. 下列属于会计工作岗位的是（　　）。

A. 医院收费员　　B. 医院药房记账员
C. 医院内部审计人员　　D. 医院财务处出纳员

3. 下列不属于会计人员职责的是（　　）。

A. 编制预算　　B. 进行会计核算
C. 实行会计监督　　D. 决定企业经营方针

4. 会计人员对不真实、不合法的原始凭证的处理是（　　）。

A. 予以退回　　B. 不予受理
C. 补充更正　　D. 无权自行处理

5. 下列不属于会计人员专业技术职务的是（　　）。

A. 会计师　　B. 总会计师
C. 助理会计师　　D. 高级会计师

6. 下列各项中，属于初级会计专业职务的是（　　）。

A. 会计师　　B. 注册会计师
C. 助理会计师　　D. 总会计师

7. 主管代理记账业务的负责人，至少应具备的专业技术资格是（　　）。

A. 会计员　　B. 会计师
C. 助理会计师　　D. 高级会计师

8. 会计工作交接中的移交清册，一般应填制的是（　　）。

A. 一份　　B. 一式两份
C. 一式三份　　D. 一式四份

9. 实行回避制度的单位，会计机构负责人的直系亲属不得担任本单位的职位是（　　）。

A. 出纳　　B. 稽核

C. 主办会计　　D. 负责往来账的会计

10. 实行回避制度的单位，单位领导人的直系亲属不得担任本单位的职位是（　　）。

A. 出纳　　B. 会计

C. 收银员　　D. 会计机构负责人

11. 担任会计机构负责人的，应当具备会计师以上专业技术职务资格或者具有一定年限的会计工作经历，该年限是（　　）。

A. 1 年以上　　B. 2 年以上

C. 3 年以上　　D. 4 年以上

12. 会计人员热爱工作，安心本职工作，忠于职守，尽心尽责，体现的会计职业道德是（　　）。

A. 爱岗敬业　　B. 诚实守信

C. 提高技能　　D. 强化服务

13. 下列既是做人的基本准则，也是会计职业道德精髓的是（　　）。

A. 爱岗敬业　　B. 诚实守信

C. 提高技能　　D. 奉献社会

14. “常在河边走，就是不湿鞋”体现的会计职业道德是（　　）。

A. 爱岗敬业　　B. 诚实守信

C. 廉洁自律　　D. 客观公正

15. 某公司为完成一笔销售业务，向对方有关人员支付 5 000 元好处费。该公司销售部负责人拿着公司经理的批示到财务部领取该笔款项，财务部王某认为该笔支出不符合有关规定，但考虑到公司主要领导已经同意，还是拨付了款项。下列对王某做法认定正确的是（　　）。

A. 王某违反了诚实守信的会计职业道德

B. 王某违反了客观公正的会计职业道德

C. 王某违反了坚持原则的会计职业道德

D. 王某违反了参与管理的会计职业道德

16. 下列各项中，属于会计法律的是（　　）。

A.《中华人民共和国会计法》　　B.《总会计师条例》

C.《企业会计制度》　　D.《会计基础工作规范》

17. 下列各项中，属于会计行政法规的是（　　）。

A.《中华人民共和国会计法》　　B.《总会计师条例》

C.《企业会计制度》　　D.《会计基础工作规范》

18. 下列各项中，有权制定国家统一会计制度的部门是（　　）。

A. 国务院财政部门　　B. 国务院审计部门

C. 国务院税务部门　　D. 国务院证券监管部门

19. 下列各项中，有权制定与颁布行政法规的是（　　）。
A. 财政部　　B. 国务院
C. 全国人民代表大会　　D. 各级人民代表大会

20. 在会计交接手续中，如发现“白条抵库”现象，应采取的做法是（　　）。
A. 监交人负责清查处理　　B. 内部审计人员负责清查处理
C. 接替人在移交后负责清查处理　　D. 移交人在规定期限内负责清查处理

21. 一般会计人员在办理会计工作交接时，监交人是（　　）。
A. 单位负责人　　B. 其他会计人员
C. 会计机构负责人　　D. 主管部门有关人员

22. 根据《会计档案管理办法》的规定，会计档案的保管期限分永久、定期两类。定期保管期限又分两种，其中保管期限最长的年数是（　　）。
A. 10 年　　B. 20 年
C. 25 年　　D. 30 年

23. 下列各项中，不属于会计档案的是（　　）。
A. 会计凭证　　B. 经济合同
C. 会计账簿　　D. 财务会计报告

24. 企业库存现金和银行存款日记账的保管期限是（　　）。
A. 5 年　　B. 10 年
C. 30 年　　D. 永久

二、多项选择题

1. 根据《会计基础工作规范》的规定，出纳人员不得兼任的工作有（　　）。
A. 稽核　　B. 会计档案保管
C. 银行存款日记账登记　　D. 收入、费用、债权债务账目登记

2. 根据《会计基础工作规范》的规定，任用会计人员应当实行回避制度的有（　　）。
A. 国家机关　　B. 国有企业
C. 事业单位　　D. 非国有企业

3. 会计工作的组织，主要有（　　）。
A. 会计机构的设置　　B. 会计人员的配备
C. 会计档案的保管　　D. 会计法律法规等的制定与执行

4. 根据《会计基础工作规范》的规定，出纳人员可以担任的工作有（　　）。
A. 收入、费用账目的登记　　B. 固定资产明细账的登记
C. 库存现金日记账的登记　　D. 银行存款日记账的登记

5. 代理记账机构可以接受委托，代表委托人办理的业务有（　　）。
A. 登记会计账簿　　B. 出具审计报告
C. 编制财务会计报表　　D. 向税务机构提供纳税资料

6. 会计人员的主要职能有（　　）。
A. 进行会计核算

B. 进行会计监督

C. 制定本单位办理会计事务的具体办法

D. 编制经济业务计划和财务预算，并考核、分析其执行情况

7. 我国会计规范体系的具体内容有（ ）。

A. 会计法律 B. 会计部门规章

C. 会计职业道德 D. 内部会计管理制度

8. 会计规范体系的特征有（ ）。

A. 统一性 B. 权威性

C. 科学性 D. 发展性与相对稳定性

9. 下列各项中，不属于从事会计工作必须具备的条件的有（ ）。

A. 取得会计从业资格证书 B. 取得注册会计师资格证书

C. 具有初级会计专业技术资格证书 D. 具有大学以上会计专业学历证书

10. 下列属于会计工作岗位的有（ ）。

A. 出纳岗位 B. 工资核算岗位

C. 成本核算岗位 D. 单位内部审计人员岗位

11. 下列属于会计部门规章的有（ ）。

A.《总会计师条例》 B.《企业会计准则》

C.《企业会计制度》 D.《会计基础工作规范》

12. 下列属于会计档案的有（ ）。

A. 会计凭证 B. 会计账簿

C. 财务会计报告 D. 其他会计资料

13. 下列属于不得销毁的会计档案有（ ）。

A. 未了事项的会计凭证

B. 保管期未满的会计档案

C. 未结清的债权债务会计凭证

D. 保管期满，经档案鉴定小组确定仍须保管的会计档案

14. 下列关于会计工作交接的表述中正确的有（ ）。

A. 移交清册一式两份

B. 移交时须有专人监交

C. 移交人应编制移交清册

D. 移交人对已移交的会计档案的真实合法性负责

三、判断题

1. 对不具备设置会计机构和会计人员条件的单位，应当委托代理记账机构代理记账。（ ）

2. 组织会计工作的统一性原则是指组织会计工作必须适应本单位经营管理的需要。（ ）

3.《中华人民共和国会计法》规定，国有的和国有资产占控股地位或者主导地位的大、中型企业必须设置总会计师。（ ）

4. 目前，我国基层企事业单位的会计工作受财政部门和单位主管部门的双重领导。（　　）

5. 任用没有会计从业资格证书的人员从事会计工作属于违法行为。（　　）

6. 会计工作岗位可以一人一岗、一人多岗或者一岗多人，但出纳人员不得兼管稽核、会计档案保管和收入、支出、费用、债权债务账目的登记工作。（　　）

7. 国有企业单位领导人的直系亲属可以担任该企业会计机构负责人。（　　）

8. 会计人员对记账不准确、不完整的原始凭证有权予以退回，并要求经办人按国家统一会计制度的规定进行更正、补充。（　　）

9.《企业会计准则》的效力高于《财务会计报告条例》。（　　）

10. 会计法律是指由我国最高行政机关——国务院制定并发布的《中华人民共和国会计法》。（　　）

11. 会计档案的保管期限分为永久保管和定期保管，其中定期保管分为 10 年、30 年两类。（　　）

12. 会计职业道德是一种强制性的规范。（　　）

13. 银行对账单属于会计档案。（　　）

14. 会计工作移交后，移交人员仍须对所接受的会计档案的真实完整性负责。（　　）

15. 会计档案移交清册的保管期限是永久。（　　）

参考答案

一、单项选择题

1. C	2. D	3. D	4. B	5. B	6. C
7. B	8. C	9. A	10. D	11. C	12. A
13. B	14. C	15. C	16. A	17. B	18. A
19. B	20. D	21. C	22. D	23. B	24. C

二、多项选择题

1. ABD	2. ABC	3. ABCD	4. BCD	5. ACD	6. ABCD
7. ABCD	8. ABCD	9. ABCD	10. ABC	11. BCD	12. ABCD
13. ABCD	14. BCD				

三、判断题

1. √	2. ×	3. √	4. √	5. ×	6. √
7. ×	8. √	9. ×	10. ×	11. √	12. ×
13. √	14. √	15. ×			

第十二章 会计信息系统

要点总览

- 会计信息系统的发展
  - 手工会计信息系统
  - 电算化会计信息系统
  - 现代会计信息系统
- 会计信息系统的分类
  - 会计核算系统
  - 会计管理系统
  - 会计决策支持系统
- 会计信息系统的构成
  - 物理组成
    - 计算机硬件
    - 计算机软件
    - 数据
    - 会计规范
    - 会计人员
  - 职能结构
    - 会计核算系统
    - 会计管理决策系统
- 会计信息系统的应用管理
  - 系统组织
    - 领导的参与与支持
    - 资金技术的支持
    - 科学合理的组织管理
    - 培养配备复合型人才
  - 系统取得
    - 购买商品化软件
    - 开发
  - 系统实施重点
    - 完善基础，创造环境
    - 完善会计信息系统内部控制
    - 完善和发展会计信息系统

重点难点

- 重点
  - 会计信息系统的构成
  - 会计信息系统的应用管理
- 难点
  - 会计信息系统的职能结构
  - 会计信息系统的实施重点

知识点梳理

表 1　　第一节　会计信息系统概述

一、会计信息系统的产生与发展	（一）手工会计信息系统	
	（二）传统自动化会计信息系统即电算化会计信息系统	
	（三）现代会计信息系统	
二、会计信息系统的分类	（一）会计核算系统	会计核算系统是整个会计信息系统的基础
	（二）会计管理系统	会计管理系统是会计决策支持系统的基础，是会计信息系统的中间层次
	（三）会计决策支持系统	会计决策支持系统是会计信息系统的最高层次
三、会计信息系统的特点	（一）数据的准确性	
	（二）数据处理速度的高效性	
	（三）会计信息的共享性	
四、会计信息系统的意义	（一）提高了会计工作的效率和会计信息的质量	
	（二）减轻了会计人员的劳动强度，使会计人员有时间和精力参与管理	
	（三）加快信息流速，促进组织管理的现代化	
	（四）促进会计理论研究和会计实务发展	

表 2　　第二节　会计信息系统的构成

一、会计信息系统的物理组成	（一）计算机硬件	是指进行会计数据输入、处理、存储及输出的各种电子设备
	（二）计算机软件	包括系统软件和应用软件
	（三）数据	包括输入的各种数据。由于会计信息涉及面广、量大，由数据库系统集中处理
	（四）会计规范	是指保证会计信息系统正常运行的各种制度与控制程序
	（五）会计人员	是广义的会计人员，包括会计信息系统的使用人员和管理人员
二、会计信息系统的职能结构	（一）会计核算系统	包括总账子系统、材料核算子系统、固定资产核算子系统、成本核算子系统、往来管理子系统、销售核算子系统、工资核算子系统、会计报表子系统
	（二）会计管理决策系统	包括全面预算子系统、资金预测子系统、短期经营决策子系统、成本控制子系统、存货控制子系统、长期投资决策子系统、销售利润预测分析子系统

表 3　　　　　　　　**第三节　会计信息系统的应用管理**

一、会计信息系统的组织	（一）领导的参与与支持	
	（二）资金和技术的支持	
	（三）科学合理的组织管理	
	（四）培养配备复合型人员	
二、会计信息系统的取得	（一）购买商品化会计软件	1. 商品化会计软件，是指专门的软件公司研制的，在市场上对外销售的会计软件。如金蝶、用友、金算盘、小蜜蜂等会计软件，它们一般都属于通用会计软件 2. 商品化会计软件的特点为通用性、保密性以及软件一般由商家统一维护与更新 3. 单位在购买商品化会计软件时，应从多方面去考虑选择
	（二）须开发的其他会计软件	1. 具体可以自行开发、委托其他单位开发或与其他单位合作开发 2. 基于单位需求开发的会计软件，具有专用型、易用性强的特点，但也存在一定的局限性，如技术要求高、软件开发周期长、费用高、软件的应变能力不强等
三、会计信息系统的实施重点	（一）完善基础，创造环境	
	（二）完善会计信息系统内部控制	
	（三）完善和发展会计信息系统	

练习题

一、单项选择题

1. 根据所能提供会计信息的深度和服务层次划分，下列处于会计信息系统最高层次的是（　　）。

A. 会计核算系统　　　　B. 会计管理系统

C. 会计分析系统　　　　D. 会计决策支持系统

2. 下列不属于会计信息系统计算机硬件构成的是（　　）。

A. 键盘　　　　B. 扫描仪

C. 路由器　　　　D. 操作系统

3. 商家无须向购买软件的用户提供源程序代码，这体现商品化会计软件的特点是（　　）。

A. 通用性　　　　B. 保密性

C. 易学性　　　　D. 商家维护性

4. 下列选项不属于会计信息系统特点的是（　　）。

A. 提高数据的准确性　　　　B. 提高信息的共享性

C. 提高数据的安全性　　　　D. 提高数据的处理速度

5. 下列不属于会计核算系统的是（　　）。

A. 总账子系统　　B. 成本核算子系统

C. 会计报表子系统　　D. 成本控制子系统

二、多项选择题

1. 根据所能提供会计信息的深度和服务层次划分，下列属于会计信息核算系统的有（　　）。

A. 会计核算系统　　B. 会计管理系统

C. 会计分析系统　　D. 会计决策支持系统

2. 会计信息系统的特点有（　　）。

A. 提高数据的准确性　　B. 提高数据的处理速度

C. 提高数据的安全性　　D. 提高信息的共享性

3. 会计信息系统的意义有（　　）。

A. 促进会计理论研究和会计实务发展

B. 加快信息流速，促进组织管理的现代化

C. 提高了会计工作的效率和会计信息的质量

D. 减轻了会计人员的劳动强度，使会计人员有时间和精力参与管理

4. 从物理组成来看，构成会计信息系统的有（　　）。

A. 数据　　B. 会计人员

C. 计算机硬件　　D. 计算机软件

5. 会计核算系统的子系统有（　　）。

A. 总账子系统　　B. 材料核算子系统

C. 成本控制子系统　　D. 会计报表子系统

6. 会计管理决策子系统有（　　）。

A. 资金预算子系统　　B. 成本控制子系统

C. 存货控制子系统　　D. 全面预算子系统

7. 做好会计信息系统组织规划工作，需要（　　）。

A. 领导的参与与支持　　B. 资金和技术的支持

C. 科学合理的组织管理　　D. 培养配备复合型人员

8. 会计信息系统取得的途径有（　　）。

A. 自行开发　　B. 委托其他单位开发

C. 购买商品化会计软件　　D. 与其他单位合作开发

9. 商品化会计软件的特点有（　　）。

A. 通用性　　B. 保密性

C. 易学性　　D. 商家统一维护与更新

10. 企业要使会计信息系统能很好运行，需要做的有（　　）。

A. 使用商品化会计软件　　B. 完善会计信息系统内部控制

C. 完善基础，创造环境　　D. 完善和发展会计信息系统

三、判断题

1. 会计信息系统减轻了会计人员的劳动强度，使会计人员有时间和精力参与管理，也对会计人员提出了更高的要求。（　　）

2. 成本核算子系统，是根据不同的成本控制目的，采用不同的成本控制方法对产品进行事前、事中、事后控制，分析实际成本与标准成本的差异，找出成本变动的原因，为成本决策提供依据。（　　）

3. 计算机软件包括系统软件和应用软件。（　　）

4. 商品化会计软件的横向通用性是指软件能满足不同单位会计业务的不同需求。（　　）

5. 根据单位需求而开发的会计软件具有专用性、灵活性较强的特点。（　　）

参考答案

一、单项选择题

1. D	2. D	3. B	4. C	5. D

二、多项选择题

1. ABD	2. ABD	3. ABCD	4. ABCD	5. ABD
6. ABCD	7. ABCD	8. ABCD	9. ABD	10. BCD

三、判断题

1. √	2. ×	3. √	4. √	5. ×

参考文献

［1］中华人民共和国财政部. 企业会计准则［M］. 上海：立信会计出版社，2018.

［2］企业会计准则编审委员会. 企业会计准则案例讲解［M］. 上海：立信会计出版社，2018.

［3］中华人民共和国财政部. 企业会计准则——应用指南［M］. 上海：立信会计出版社，2018.

［4］李家瑗，潘云标. 会计学学习指导书［M］. 北京：中国财政经济出版社，2008.

［5］陈国辉，迟旭升. 基础会计［M］. 6版. 大连：东北财经大学出版社，2018.

［6］陈国辉，陈文铭. 基础会计［M］. 4版. 北京：清华大学出版社，2017.

［7］中华会计网校. 会计基础［M］. 北京：人民出版社，2012.